중년,
꼭 한 번은 유언장을 써라

Itshoohni ichidowa yuigonjo kakinasai © 2013 Kazumi Yamaguchi
Originally published in Japan in 2003 by The Green Paper
Korean translation rights arranged through Minami Inc., Japan
and The Happy Book agency, Korea.

후회 없는
인생을 위한 권유

중년,
꼭 한 번은
유언장을 써라

카주미 야마구치 지음
하지연 옮김

책

들어가며 | 왜 지금 '유언장'을 써야 하는가? _ 8

1장 내가 유언장을 쓴 까닭

- 나의 유언장 _ 12
- 내가 처음 경험한 유언장 _ 18
- 가까운 사람들의 '인생 마감' _ 21
- 유언장은 '나의 노트'에서 힌트를 얻는다 _ 24
- '40세 유언장'의 두 가지 의미 _ 27

2장 '마흔 살의 유언장'은 3부로 구성해서 생각한다

- 유언장을 쓰면 좋은 점 _ 32
- '자신을 위해 쓰는 유언장'은 3부로 구성해서 생각하자 _ 37

3장
먼저 '나에 관한 정보'를 정리해 보자

- 뜻밖에도 '나에 관한 정보'는 정리되어 있지 않다! _ 42
- '죽기 전에 하고 싶은 일'은 무엇인가? _ 44
  - 워크시트 Ⓐ … 인생에 남은 시간이 앞으로 (1주일)뿐이라면 무엇을 할까?
  - 워크시트 Ⓑ … 자신의 장례식은 어떻게 할 것인가?
- 인생의 중·장기계획을 세워 보자 _ 50
  - 워크시트 Ⓒ … 나의 역사 연표
  - 워크시트 Ⓓ … 나의 미래 연표
  - 워크시트 Ⓔ … 인생의 장기계획, 인생의 중기계획
- 나의 '인적 자원'을 재평가하자 _ 59
  - 워크시트 Ⓕ … 인맥 그림표
  - 워크시트 Ⓖ … 신세를 진 사람 목록
- '돈'에 관한 정보도 중요하다 _ 66
  - 워크시트 Ⓗ … 재산 목록, 계좌 목록
- 나는 무엇을 남길 것인가? _ 69
  - 워크시트 Ⓘ … 내가 죽은 뒤에 남길 것은 무엇인가?
- 어떻게 살고 싶은지 생각해 본다 _ 72
  - 워크시트 Ⓙ … 내가 중요하게 여기는 일
  - 워크시트 Ⓚ … 지금의 내 모습과 정말로 원하는 내 모습
- 몸도 마음도 건강하게 _ 75
  - 워크시트 Ⓛ … 건강관리 노트
  - 워크시트 Ⓜ … 자신을 건강하게 만들어 주는 일

4장
법적인 유언장에는 반드시 지켜야 할 것이 있다

- '법적인 유언'과 '자신을 위해서 쓴 유언장'을 혼동하지 말자! _ 82
- 유언장에 써야 할 것, 쓰지 말아야 할 것 _ 84
- 법적인 유언의 종류와 특징 _ 88
- 시작은 자필증서유언부터 _ 98

5장
유언의 내용을 생각하자

- '자신에 관한 정보'는 유언장의 한 부분 _ 102
- 제1부 '자신이 살아 있는 동안에 사용할 정보'를 생각한다 _ 105
- 제2부 '자신이 죽은 뒤에 실무상 필요한 정보'를 생각한다 _ 111
- 제3부 '남은 사람에게 보내는 메시지'를 생각한다 _ 117
  - 예문 Ⓔ … 일반적인 이별 메시지
  - 예문 Ⓕ … 아내가 남편에게 보내는 메시지
  - 예문 Ⓖ … 업무로 알게 된 친구와 지인에게 보내는 메시지
  - 예문 Ⓗ … 사실혼 관계인 남편에게 재산을 물려주고 싶다
  - 예문 Ⓘ … 미성년인 아이의 후견인을 정하고 싶다
  - 예문 Ⓙ … 일과 사업을 이을 사람에게 재산을 남기고 싶다
  - 예문 Ⓚ … 유산을 공적인 목적으로 쓰고 싶다

6장
더 나은 삶을 위해 유언장을 활용한다

- 활용하지 않는 유언장은 의미가 없다 _ 132
- 정기적으로 내용을 확인함으로써 얻을 수 있는 것 _ 136
- '유언장을 쓰는 것'은 작은 새출발이다 _ 139

마치며 | 앞으로는 '나의 역사'보다 '유언장'의 시대 _ 142

권말 정보 | 알아두면 유익한 정보

- 목록 Ⓐ … 유언장에 관한 문의처 _ 146
- 워크시트 Ⓐ ~ Ⓜ … 기입용지 _ 148
- 목록 Ⓒ … '3부로 구성된 유언장' 항목 목록 _ 163

| 들어가며 |

왜 지금 '유언장'을
써야 하는가?

'유언장'이라는 말에서 여러분은 무엇을 연상하는가?

인생의 마지막을 앞둔 사람이 가까운 사람들에게 쓰는, 만감이 교차하는 편지, 아니면 자신이 세상에서 사라진 뒤에 일어날 문제를 피하기 위해 매우 사무적으로 쓰는 편지……. 어느 쪽이든 재산이 어마어마하게 많거나 특별한 사람에게 해당하는 일이지 지금의 나와는 그다지 관계 없는 일이라고 생각하는 사람이 대부분이 아닐까? 또 재수 없는 일이라고 생각하는 사람도 있을지 모른다.

그런데 유언장은 정말로 '특별한 사람'이나 '인생에 남은 시간이 얼마 없는 사람'만 쓰는 것일까?

나는 그렇지 않다고 생각한다.

사실 나(45세다)는 이미 유언장을 써 두었다. 내가 처음 유언장을 쓴 것은 39세로, 아버지의 죽음이 직접적인 계기가 되었다. 아버지가 돌아가시기 7년 전에는 어머니도 세상을 떠나셨는데, 이렇게 부모님을 모두 여의자 나도 미리 준비를 해 두어야겠다는 마음이 들었다.

일반적인 생각대로 세상에 남은 사람에게 쓴 것이었지만 유언장을 쓰면서 나는 많은 것을 발견했다. 분명 유언장은 남아 있는 누군가에게 쓰는 것이기는 해도 그것을 쓰는 과정은 '자기 자신과 나누는 대화'라는 사실이었다!

유언장을 쓰기 위해서는 자신이 현재 가지고 있는 것(경제적인 의미에서의 자산, 인적 네트워크 등)을 다시금 확인하고 자기 자신의 가치관(무엇을 중요하게 생각하는가?)을 뒤돌아보는 자세가 필요하다. 이것은 바로 남은 인생을 과연 어떻게 살아야 하는가를 생각하는 작업과 정확히 일치했다.

그리고 이런 생각도 들었다. 지금까지 우리 사회에서는 '죽음'을 말하거나 '죽음을 준비' 하는 일은 거의 터부시되었지만 세상에 태어난 이상 누구나, 한 사람도 빠짐 없이 반드시 '마지막 날'을 맞이한다. 죽음을 눈앞에 두고 허둥대며 유언장을 쓰기보다는 아직 인생에 여유가 있을 때 미리 유언장을 써 보는 것은 자기의 인생을 위해서 매우 뜻깊은 일이 아닐까?

늘 산더미처럼 쌓여 있는 일에 치여서 시간은 눈 깜짝할 사이에 지나간다. 지금 생활에 100퍼센트 만족하는 것은 아니지만 나름대로 알차게 보낸다고 느끼기도 하고 주위 사람들도 나를 필요로 한다……. 인생의 중반은 바로 이런 느낌이 아닐까?

하지만 가끔씩 문득 이런 생각이 든다.
'이대로 살아도 되는 걸까?'
'나는 앞으로 어떤 인생을 살아야 할까?'
'내 생활과 인생을 한번 진지하게 생각해 보고 싶다'

만일 여러분이 이런 생각을 하고 있다면 이 책은 틀림없이 '여러분을 위한 책'이다.

인생을 대충 80이라고 보면 마흔은 딱 '절반'을 산 나이다. 눈코 뜰 새 없이 바쁘게 살아온 20, 30대를 지나 정신적으로, 경제적으로 조금은 여유를 갖게 되는 무렵이다. '나는 아직……' 이라고 생각하는 사람도 젊었을 때에 비하면 한층 풍부한 경험과 정보, 인맥과 지혜가 쌓였을 것이다.

그렇기 때문에 지금 '인생의 중간 결산'을 한다는 뜻에서 유언장을 써 보자. 아직 남은 절반의 인생을 한층 멋지고 뜻깊게 살기 위해.

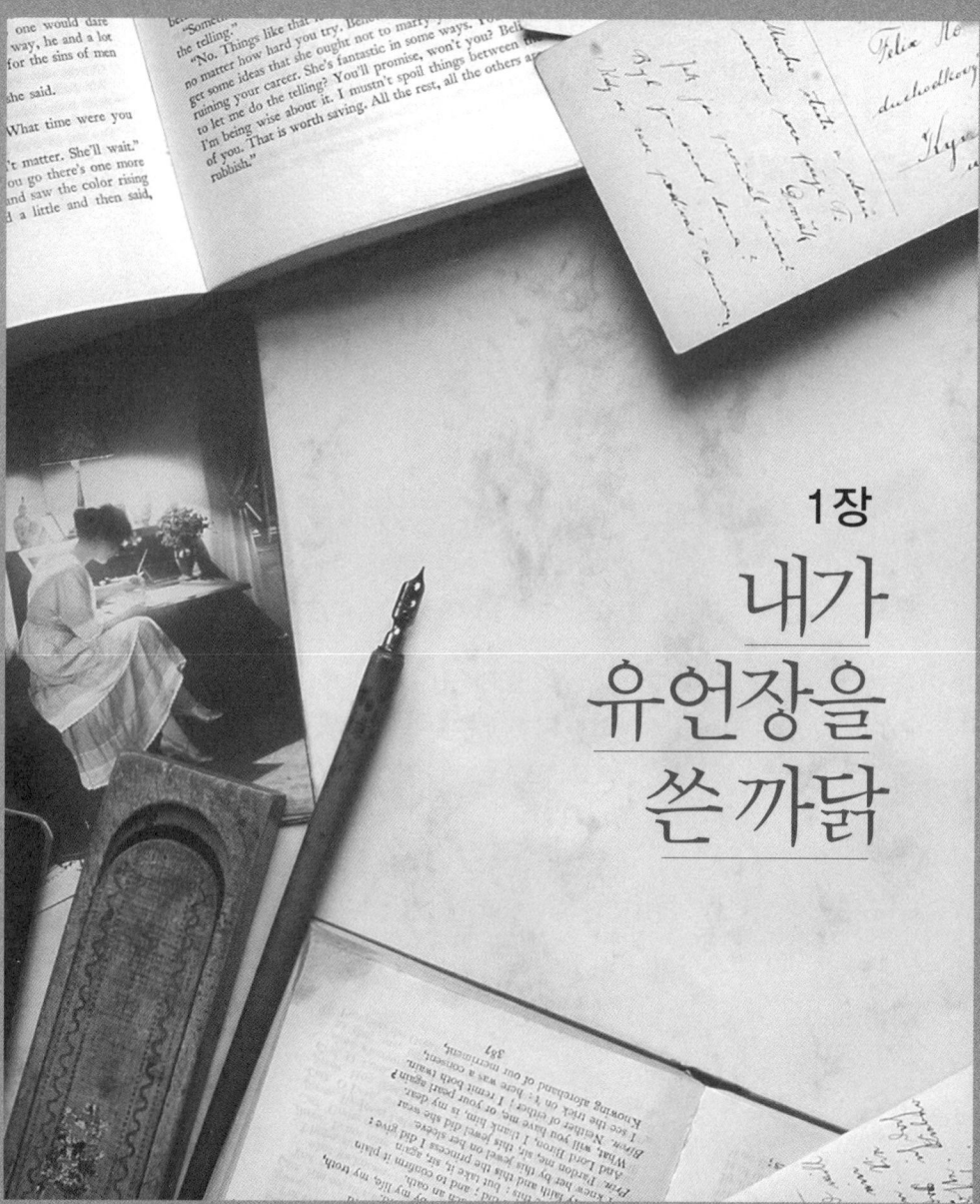

1장
내가 유언장을 쓴 까닭

나의
유언장

　　　　　　　　본론으로 들어가기 전에 먼저 나의 소개를 간단히 하고 싶다. 나는 지금 마흔 다섯이다. 자유기고가로 잡지와 신문에 글을 쓴다. 주요 담당 범위는 여성을 둘러싼 사회의 변화, 특히 '여성과 일'은 20년 동안 연구한 주제다. 쓰는 일 말고는 대학의 교원으로 '여성학' 같은 수업을 맡고 있다.

　가족은 회사원인 남편(단, 사실혼이다). 아이는 없다.

　때때로 '왜 결혼식을 올리지 않느냐?'는 질문을 받는데 이것은 지금의 민법이 부부별성(夫婦別姓 : 일본에서는 결혼을 하면 부부의 성이 같아진다 - 역주)을 인정하지 않기 때문이다. 혼인신고를 하려면 남편이나 아내 어느 한쪽이 지금까지 쓰던 성을 버려야만 한다. 그리고 '성을 바꾸어야 할 사람은 여성'이라고 생각하는 사회적 관습을 나는 도저히 이해할 수 없다(혼인신고는 개인의 자유이므로 하지 않아도 벌칙 같은 것은 없다).

"이름 따위는 아무래도 상관없다.", "너무 튀지 말고 '남들처럼 평범하게' 살라."는 충고도 듣는다. 하지만 나에게 내 이름은 '아무래도 상관없는' 하찮은 존재가 아니다. 스스로 원해서 성을 바꾸는 사람은 접어두고 '강제적으로 성이 바뀌는' 것, 아니면 '자신의 배우자에게 성을 바꾸라고 강요하는' 것, 그 어느 쪽도 싫다. 그리고 '평범하게' 란 무엇일까? 만일 '나는 이해하지 못하지만 다른 사람과 똑같이 행동하는 것'이라면 나는 도저히 따를 수 없다. 그렇게 되자 지금은 법률상의 결혼이 불가능해 필연적으로 사실혼을 선택할 수밖에 없었던 것이다.

이런 사고방식 때문에 나는 사회적으로 '박쥐' 같은 처지가 되었다. 다시 말해 납세자로서는 '독신자' 취급을 받지만 사회보험자로서는(사실혼도 '가족의 한 형태'로 보기 때문에) '기혼자' 취급을 받는다. 단, 재산 상속에 관해서는 법률혼이 아닐 때는 '법정 상속인'(피상속인이 상속인을 지정하지 않았을 때 민법의 규정에 따라 상속하는 사람. 구체적으로는 배우자와 자식, 때로는 부모와 조부모, 형제자매, 조카)은 될 수 없다. 따라서 남편이 내 재산을 물려받기 위해서는 유언장이 꼭 있어야 한다. 법률혼을 하지 않은 것, 게다가 아이가 없다는 것도 내가 유언장에 관심을 갖게 된 이유 가운데 하나가 아닐까 싶다.

하지만 그뿐만은 아니다. 유언장의 본래 목적은 '누구에게 재산을 물려주느냐' 이지만 거기에 이르는 과정에는 다양한 의미의 '자신의 가치관 재정립'이 있을 것이고, 나는 거기에 큰 의미가 있다고 느꼈던 것이다. 그렇기 때문에 인생의 종반에 비로소 유언장을 쓰기보다는 인생 절반 지점이라고도 할 수 있는 시기에 굳이 앞당겨서 유언장을 써 봄으로써 남은 인생이 더욱 뜻깊어지지 않을까 생각하게 되었다.

그럼 이쯤에서 지금 내 시점에서의 유언장은 어떤 것인지 보도록 하자(다음에 보이는 것은 이른바 법적인 유언장이다. 나는 이것 말고도 필요한 연락처를 정리한 목록을 준비했다). 개인정보에 해당하는 부분은 기호로 표시했고 상세한 부동산 표기는 생략했지만 그 이외는 가능한 충실하게 재현했다. 또 이 책에서는 일반적으로 친숙한 '유언장'이라는 말을 썼지만 민법상으로는 '유언서'라고 표현하는 경우가 많으므로 법적인 유언장의 첫머리는 '유언서'라고 쓰기로 한다.

예문 Ⓐ 나의 유언장

유언서
유언자 카주미 야마구치는 다음과 같이 유언한다.

1. 남편 ○○××에게 다음의 재산을 남긴다.

1) 구분소유건물과 대지권
 (이하 등기부등본에 나와 있는 대로 건물 표시와 대지권 표시 같은 구체적인 내용을 표기하지만 여기서는 생략한다)
2) ○○은행 ○○지점의 유언자 명의의 예금 전액
3) ××증권 ××지점의 유언자 명의의 유가증권 전액

2. ○○××는 위의 유산을 받는 데 있어서 유언자의 뜻을 이해하고 상속받은 재산의 일부나 전부로 장학기금을 마련해 주기 바랍니다. 장학기금 설정에 관한 구체적인 방법은 ◇◇ 신탁 은행과 상담하기 바랍니다. 상속 발생시에 ○○××가 생존해 있지 않을 때는 유언 대행자인 ××○○(00년 0월 0일생, 주소)가 이 일을 실행해 주십시오.

다음 내용은 ○○××가 장학기금을 설정할 때의 조건입니다.

1) 신탁목적 … 진학할 뜻은 있으나 경제적인 이유로 공부하기 힘든 아시아 지역의 여학생(국적, 나이는 불문하고)에게 학업을 계속할 수 있도록 장학금을 준다.
2) 수탁자 … ◇◇ 신탁은행
3) 신탁재산 급부 방법 … 신탁재산에서 얻은 수익에 따른다. 금리 인하 등 어쩔 수 없는 사정이 있을 때에는 신탁재산의 20% 이하에 한해 원금을 깰 수 있다.
4) 신탁기간 … 특별히 정하지 않는다. 단, 원금을 깨는 일로 신탁재산이 소멸했을 때는 종료한다.

3. 전제조건인 공익신탁이 주무관청(주, 취급성청)의 허가를 받지 못하는 등 사정으로 설정 불가능할 때는 신탁재산 상당액을 전조와 목적이 비슷한 공익법인에 기부한다.

00년 0월 0일
카주미 야마구치 (인)

자신이 이 세상에서 사라진 뒤에 남은 자산은 어떻게 활용해야 할까? 이것은 매우 어려운 문제다. 그다지 많은 액수의 자산도 아니고 장기적

으로 늘어날 전망도 희박하지만 나는 내 자산을 '도움이 필요한 사람의 든든한 버팀목'이 되도록 쓰고 싶다.

그러면 '도움이 필요한 사람'은 어떤 사람일까? 이런저런 생각 끝에 '아시아 지역의 젊은 여성'이라는 결론에 이르렀다.

1950년대 말에 태어난 나는 일본의 경제성장과 함께 자란 세대에 속한다. 이 무렵은 아직 여성 차별과 편견이 강했던 시대로, 취직은 할 수 있었지만 여성을 채용하지 않는 기업이 압도적으로 많았다. 그 후 1986년 남녀고용평등법 시행(우리나라는 1987년)과 출산율 저하, 고령화 사회가 진행되면서 여성의 사회진출과 경제적 자립에 관한 사회적인 저항감이 상당히 줄어들었다. 그러나 아시아, 특히 개발도상국으로 눈을 돌려보면 아직 충분한 기회를 얻지 못하는 소녀들이 많다. 학력이 전부는 아니지만 교육을 받으면 분명히 여성도 경제적인 실력을 발휘하고 사회적인 발언권도 커진다.

내가 이 세상에서 사라질 무렵이 되면 그녀들의 사회적 지위도 과거에 비해 한 단계 높아질지 모른다. 하지만 완전한 평등이 실현되지는 않을 것이다. 그러므로 나는 '적극적으로 그녀들에게 힘이 되어 주자. 나에게 남은 얼마 되지 않는 재산으로 누군가가 격려를 얻고 미래에 희망을 품을 수 있다면 얼마나 멋진 일인가' 하고 생각했다.

또 하나, 장학금 지급 대상을 원칙적으로 외국으로 정한 것은 일본화폐는 다른 아시아 국가에서 훨씬 큰 가치가 있기 때문이다. 처음부터 자금이 넉넉하면 일본 국내에서도 충분히 장학금을 지급할 수 있겠지만 나는 그 정도의 자금력이 없다. 그렇다면 내 경제력에 맞는 범위에서 뜻을 실행할 수 있는 방법을 찾는 쪽이 현실적이라고 생각했다.

내가 이런 생각을 하게 된 계기는 나 자신의 경험에 있다. 나도 고등학교 시절에 민간 장학금 덕분에 미국에서 공부할 수 있었다. 내가 참가한 유학 프로그램은 참가한 일본인도 약간 부담하기는 했지만 비용 대부분은 일반 시민의 기부금으로 조달되었다. 만일 필요한 비용을 모두 본인이 부담해야 했다면 아마 유학은 가지 못했을 것이다.

그 사실과 내가 1년 동안 유학생활을 하면서 그전까지는 비관적으로 여겼던 장래를 적극적으로 생각하게 된 기억이 되살아나 '이번에는 내가 다른 젊은이를 지원해 주자'는 결심을 하게 되었다. 그리고 돌이켜서 생각해 보면 애초에 '유언장'을 만나게 된 계기도 유학생활이었다.

내가 처음 경험한
유언장

　처음으로 '진짜 유언장'을 본 것은 지금으로부터 27년 전의 일이다. 당시 나는 고등학교 3학년이었는데, 교환유학생으로 미국에 건너가 노스캐롤라이나주의 작은 마을에서 살았다. 내가 묵었던 가정은 먼 일본에서 온 나에게 기회가 있을 때마다 미국 생활과 문화를 설명해 주는 매우 '교육적'인 집이었는데 어느 날 가족 모두 자동차로 10분 정도 떨어진 곳에 사는 할머니 할아버지 댁을 방문했다. 어머니는 "옛날 사진이든 도구든 재미있는 것이 있을 거예요."라고 말했다.
　확실히 방에 놓인 가구나 벽지 디자인에서는 역사를 느낄 수 있었고, 앨범을 보니 당시 유행의 첨단을 걸었던 '젊은 날의 할머니'가 영화배우처럼 자세를 잡고 있었다. 길고 긴 망사로 덧댄 웨딩드레스 사진도 있었다. 끊임없이 나오는 물건마다 신기해하는 내 모습이 재미있었던 것일까, 한참 집안 구경을 시켜 주시던 할머니가 "그래, 그래, 이런 것도 있었지."

라며 서랍에서 두 통의 편지봉투를 꺼냈다. 그것이 바로 유언장이었다.

"우리도 이제 꽤 늙었지? 그러니까 언제 한쪽이 저 세상으로 떠나도 괜찮도록 이렇게 편지를 써 두었지."

내용은 남편은 아내에게, 아내는 남편에게 쓴 매우 간결한 글이었다.

나 ㅇㅇ는 사후 모든 재산을 배우자 ××에게 남긴다.

글 아래에는 날짜와 본인의 서명, 그리고 다른 종이에 재산 목록을 써 넣었다.

지금까지 '유언장' 이라고 하면 책 속에서나 읽었던 나는 '진짜' 유언장을 보아도 금방 실감이 나지 않았다. 그저 '어머나, 그렇구나' 하고 생각했을 뿐이다. 그러나 일본에서도 이런 유언장을 쓰냐는 질문을 받고 "일반적인지는 잘 몰라도 내가 아는 한 보통 사람들은 그다지 유언장을 쓰지 않는다."고 대답한 기억이 난다.

그리고 그때 나에게 가장 인상적이었던 것은 그때 이미 80이 가까운 두 노인이 '그렇게 머지 않은 날에 자신들은 이 세상을 떠난다' (그러나 기독교적인 사고방식으로는 사후에 다른 세상에서 '영원한 생명' 을 얻는다고 하지만)는 사실을 솔직히 받아들이고 당연하게 준비하는 모습이었다.

요즘은 꼭 그렇지만도 않은 것 같지만, 내가 아는 한 지금까지 사람들은 죽음을 이야기하면 재수가 없어진다며 꺼리는 경향이 있었다. 누구에게나 반드시 찾아오는 임종조차도 '만일의 때' 라는 모호한 표현으로 얼

버무리는 자세에서도 그런 사실을 엿볼 수 있다. 이런 상황을 생각하면 자신의 사후를 열린 마음으로 이야기할 수 있는 분위기는 역시 다른 문화다. 어찌되었건 뜻밖에 접한 유언장은 내 기억에 선명한 인상을 남겼다.

가까운 사람들의
'인생 마감'

유학 생활을 마치고 고국으로 돌아온 뒤 나는 대학 진학이다 취직이다 하면서 바쁜 시간을 보내느라 미국에서 겪은 경험을 떠올릴 겨를이 없었다. 특히 신문사에 취직한 뒤 몇 년 동안은 아무런 연고도 없는 지역으로 발령 난 탓에 눈앞의 환경과 일에 익숙해지는 데 온 정신을 쏟느라 과거는 물론 미래에 대해서도 생각할 여유가 없었다.

그러던 중 취직한 지 8년째 되던 해 갑자기 어머니가 암으로 입원하시고 반년 뒤에 돌아가시는 일이 일어났다. 예상보다 훨씬 빨리 진행된 병세와 죽음에 당황했고 동시에 '뭔가 써 놓으신 것이 없을까' 하는 마음에 방 안을 샅샅이 뒤져 보았지만 그런 것은 조금도 나오지 않았다. 어머니가 돌아가신 뒤에는 어디부터 손을 대야 좋을지 모를 유품 더미만 남아 있었다.

그래도 그때는 아버지가 계셨기 때문에 아버지 나름대로 부고를 알려야 할 사람들을 정리해서 연락을 하셨다.

그러나 7년 뒤, 아버지마저 세상을 떠나셨을 때 오빠와 나는 거의 포기 상태였다. 아버지는 그만큼 어머니의 임종을 보았고, 게다가 연세가 87세나 되었으면서도 당신이 돌아가신 뒤에 해야 할 일은 거의 준비하지 않았던 것이다. 유언장은 물론이고 연락해야 할 사람, 해야 할 일, 자산 목록…… 알아야 할 정보는 하나도 눈에 띄지 않았다.

오빠와 나는 다시 망연자실하면서 '발굴 작업'에 들어갔다. 보관하고 있던 편지로 교우관계를 알아냈고 아는 범위 내에서 금융기관에 연락해 예금 지급 중지 절차를 밟으면서 말 그대로 장님 코끼리 다리 더듬는 식으로 아버지의 인생을 정리했던 것이다.

나는 이런 체험으로 한 가지 교훈을 얻었다.

인생의 마지막 날은 반드시 찾아온다. 그러므로 미리 준비해두어야 한다.

그때 떠오른 것이 미국 유학시절의 그 '유언장'이었다. 거기에 쓰여 있던 내용은 매우 단순했지만 적어도 '마지막 날'에 대한 준비 자세를 엿볼 수 있었다. 나는 지금 건강하게 살고 있다. 하지만 지금부터 필요한 정보를 정확히 정리해 두어도 좋지 않을까? 그것은 특별히 사후를 위해서라기보다 앞으로 잘 살아가기 위해 필요한 일이 아닐까? 그런 마음이 내 안에서 점점 커져 갔다.

이런 생각에 더욱 박차를 가한 사건은 나와 같은 또래의 친구와 지인들의 죽음이었다. 대학 동창생으로 뉴스 캐스터로 활약하던 쿠와 히토미, 의욕적인 논픽션 작가였던 이다 마키코, 연극과 평론 등 폭넓은 분야에서 활약해 왔던 극작가 키사라기 코하루……. 아직 40대로 '죽음'에서 멀리 떨어진 곳에 있는 것처럼 보이던 사람들이 차례로 세상을 떠나는 모습을 보고 나는 마음먹었다.

인생의 폐점 준비는 지금 시작해도 결코 이르지 않다.

그래서 '폐점 준비'는 아직 '기다릴 시간'이 있을 때 인생을 뒤돌아볼 수 있는 좋은 계기가 될 것 같다는 생각을 하게 되었다.

유언장은 '나의 노트'에서
힌트를 얻는다

나는 고등학교 때부터 파일 식으로 끼워 넣을 수 있게 된 공책에 '각서' 같은 기록을 했다. 이 공책의 내용은 나의 연표(年表)이기도 했고, '이런 일을 하고 싶다'는 목표이기도 했고, 꼭 사고 싶은 쇼핑 목록이기도 했지만, 어쨌든 '나에게 중요한 정보를 정리하는' 것이 목적이었다. 내용이 너무나 복잡하고 광범위하기 때문에 좀처럼 적당한 이름이 떠오르지 않아 우선 '나의 노트'라고 불렀다.

그러나 이 '나의 노트'에 적힌 기록이 어느 정도 쌓이자 거기에는 일정한 '법칙' 같은 것이 존재한다는 사실을 깨달았다. 다시 말해 '나에게 필요한 기록'에는 보편성이 있다는 점이다. 그것은 구체적으로는 다음과 같다.

1. 지금 내가 '집착'하는 것(소중히 여기고 싶은 가치관이나 습관, 다른 사람과의 관계 등)

2. 지금까지 내가 해온 일, 앞으로 하고 싶은 일
3. 지금 나의 수입과 지출(예금 적금 같은 재산과 대출 등 부채)
4. 주요 쇼핑 기록(내용이나 가격 등)
5. 유사시에 필요한 연락처(신용카드를 분실했을 때 연락할 번호 등)
6. 건강에 관한 기록

애초에 이런 것을 기록하게 된 계기는 유학이었다. 고등학교 때 처음으로 부모님 곁을 떠나 낯선 이국 땅에 갔을 때 '이것은 틀림없이 소중한 경험이 될 테니 가능한 기록으로 남겨야지' 하고 생각했던 것이다. 그때까지 당연시하면서 생활했던 일상에서 벗어나 이른바 '비일상'의 삶을 산 것이 나에게 기록의 소중함을 깨닫게 해주었던 것이다. 유학 전에 적어 두었던 '나의 목표'를 실제로 현지에 가서 다시 읽어 보니 눈앞의 생활에 젖었던 자신을 꾸짖는 뜻밖의 효과도 있었다. 무엇보다도 나중에 당시의 일들을 다시 읽어 보자 필요한 정보와 그렇지 않은 정보를 버리거나 선택하는 기준이 각기 달라 '왜 쓸데없이 이런 걸 자세히 기록하고 좀더 중요한 것은 빠뜨렸을까' 하고 고개를 갸웃거리는 일도 있었다. 그러나 모양새는 불완전했지만 1년 동안 생활한 기록이 남은 것은 뜻깊은 일이었다.

그 후, 신문사에 취직한 뒤에는 기록하는 일이 일 그 자체가 되었다. 단, 이 무렵은 하루하루가 너무나 바빠서 도저히 내 생활을 기록할 틈이 없었기 때문에 가능한 업무를 시작하기 직전에 쓴 '원하는 목록'을 이따금 들춰보는 날들이 이어졌다.

그러나 30대 초에 회사를 떠나 프리랜서로 일을 하려고 생각했을 때는 결정을 내리기까지 여러 가지를 기록했다. 예를 들면 다음과 같은 것들이다.

1. 기본적인 나의 가치관
2. 회사에 근무하는 장점과 단점
3. 프리랜서로 일을 하는 장점과 단점
4. 현재 나의 자산 상황(예금은 어느 정도이고 수입 전망은 있는가?)
5. 힘이 되어 줄 사람
6. 프리랜서가 되었을 때 앞으로 3년 동안 대략적인 업무 내용

이와 같은 내용을 노트에 적어 어느 것이 가장 나에게 유리한 선택이 될지 이리저리 생각했다. 다시 말해 '지금 내가 있는 위치'를 확인하면서 '최종적으로는 어디에 안착하고 싶은지'를 생각했던 것이다. 지금 생각하면 이것이 내 유언장의 원점(原點)이라고도 할 수 있겠다.

일반적으로 유언장이란 '남은 사람을 위해서 쓰는 글'이라고 받아들이기 쉬운데 나는 처음부터 그렇게 한정하지 않았다. 아이가 없는 인생을 선택한 점도 '누군가에게 건네주는 것'보다는 '나 자신이 이해하는 면'을 더욱 중시했기 때문일지 모른다. 또 실제로 유언장이라는 형태로 쓰기 전에 다양한 측면에서 나에 관한 정보와 가치관을 정리하고 싶다는 마음이 강했던 것도 사실이다.

'40세 유언장'의
두 가지 의미

'40세'라는 인생의 절반을 보낸 시점에서 쓰는 유언장에는 두 가지 의미가 있다. 하나는 재산을 누구에게 남길 것인가 하는 '법적인 유언'이다.

법적인 유언은 기본적으로 자신이 죽은 뒤에 어떤 다툼이 일어날 것을 전제로 쓴다. 따라서 법률적인 지식도 있어야 하고 때로는 전문가의 도움도 받아야 한다. 단, 모든 사람이 법적으로 유효한 유언을 써야 하는 것은 아니다. 남겨진 사람들이 모두 착한 사람들이어서 문제가 일어날 가능성이 전혀 없다면 일부러 그런 글을 남기지 않아도 되기 때문이다.

또 하나는 '자신의 남은 인생을 재평가하기 위해서' 쓰는 유언장이다. 이 유언장은 '자신에 관한 정보 정리', 나아가 '자신의 자원과 가치관 확인'이 주된 내용이다. 이런 작업을 거쳐서 '역시 앞으로 어떤 문제가 일어날지 모른다'고 판단하면 그 단계에서 다시 법적인 유언을 생각하면 된다. 단, 실제로는 그렇게까지 하지 않아도 된다고 생각하는 사람이 압도적으로 많으므로 이 책에서는 후자인 '자신의 인생을 재평가하기 위해서' 쓰는 유언장을 중심으로 글을 쓰려고 한다.

'누구에게나 인생은 정해진 시간'이라는, 너무나 당연한 사실을 새삼 환기시켜 주는 것이 '유언장'이다.

바쁘게 지나가는 일상 속에서 마치 앞으로 무한한 시간이 남아 있는 것처럼 착각하기 쉬운 자신을 때때로 꾸짖는다는 의미에서도, 나아가 인생의 고비마다, 상황에 따라 자신이 해야 할 일의 우선 순위를 확인한다는 의미에서도 유언장의 존재는 분명히 큰 의미가 있을 것이다. 물론 벌써부터 죽을 걱정을 한다며 얼굴을 찌푸리는 사람도 있을지 모른다. 하지만 예정된 인생은 되는 대로 사는 인생이나 결정적인 순간에 허둥대며 대안을 생각하는 인생보다 훨씬 마음 편하고 알차지 않을까? 나는 그렇다고 확신한다.

1장 정리

1. 인생의 마지막은 누구에게나 반드시 찾아온다. 그날을 준비해 두자.
2. '법적인 유언'만 유언장이 아니다. 마흔이라는, 인생의 절반을 살아온 시점에서 '앞으로 살아갈 인생을 재평가하기 위해' 쓰는 유언장도 좋다.
3. 유언장을 쓰면 앞으로 남은 인생을 더욱 알차게 보낼 수 있다.

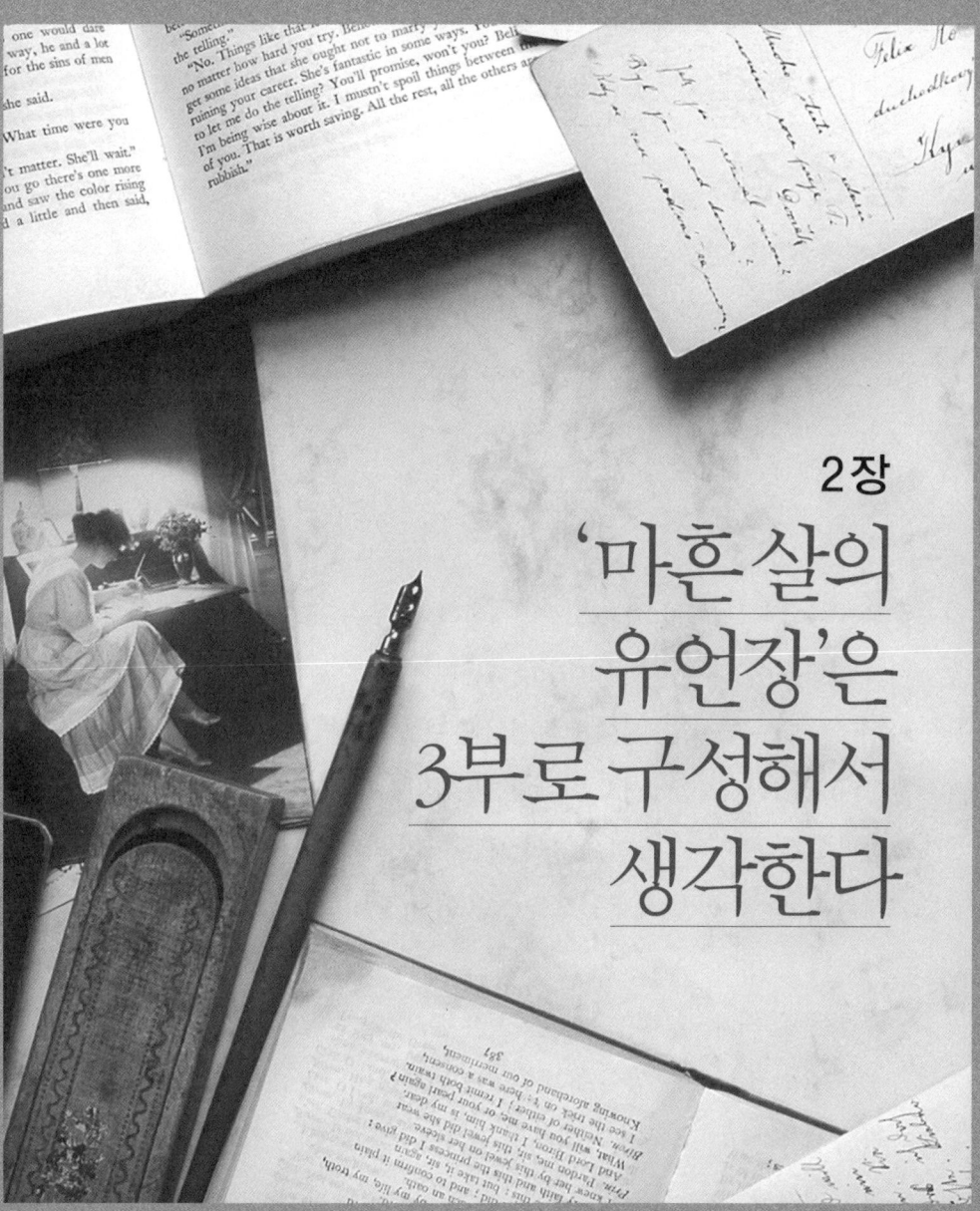

2장

'마흔 살의 유언장'은 3부로 구성해서 생각한다

유언장을 쓰면
좋은 점

'나이 마흔에 유언장이라니, 무슨 소리야? 나는 이 나이가 되도록 아직 아무런 준비도 안 했는데.'

이것은 어느 나이 든 분에게 유언장에 관한 이야기를 했을 때 돌아온 반응이다. 그러나 1장에서도 이야기했듯이 나는 마흔이라는 '그다지 다급하지 않을 때' 굳이 유언장을 써 보는 것에 의미가 있다고 생각한다. 그래서 이 장에서는 먼저 유언장을 쓰면 어떤 점이 좋을지 생각해 보자.

● 좋은 점 하나 … 자기 인생을 '중간 결산' 할 수 있다

과연 유언장을 쓰는 일이 유쾌한 일인지 아닌지, 받아들이는 사람의 느낌도 제각각이다. 하지만 지금까지 살아온 자신의 인생을 이쯤에서 나름대로 평가해 보는 일은 앞으로 남은 인생을 어떻게 살아가야 하는지 훌륭한 지침이 된다.

지금까지 만족할 만한 인생을 걸어온 사람은 꿈을 실현시킨 자신을 칭찬함과 동시에 주위의 도움과 행운에도 감사해야 한다. 또 알차게 살아오지 못한 사람은 어떻게 하면 남은 인생을 충실하게 살 수 있는지 방법을 생각해 보아야 하지 않을까?

인간은 몇 살이 되든 변할 수 있다. 따라서 특별히 '40세'로 한정할 필요는 없지만 어느 정도 인생 경험을 쌓고, 앞으로 남은 시간도 있는 이 시기에 하는 '중간 결산'은 앞으로 남은 시간을 어떻게 살 것인지 생각하는 좋은 계기가 될 것임에 틀림없다.

● **좋은 점 둘 … 자신의 가치관을 재평가할 수 있다**

지금까지 살아온 인생을 뒤돌아보는 작업은 기본적으로 '사실 확인'이라고 할 수 있다. 그러나 그 다음에 해야 할 일은 '자신의 가치관'을 생각하는 작업이다.

지금의 나에게 가장 중요한 일은 무엇인가, 중요한 일이 여러 가지라면 우선 순위는 무엇인가. 이것은 눈앞의 일상에 쫓기면서 살 때는 좀처럼 생각할 수 없는 일이다. 또 막연히 머릿속으로 생각하던 것을 글로 써 보면 사실은 자기 안에 또 다른 가치관이 존재하고 있다는 사실을 아는 경우도 있다.

이렇게 말하는 나 역시 그런 사람이다. '내 인생의 목표'라는 큰 주제에 관해서는 자칫 '업무에서 좋은 성과를 올리고 싶다', '경제적으로 안정되고 싶다'고 생각했지만 진실로 내가 바라는 생활은 무엇인지 골똘히 생각해 보면 직장에서의 성공이나 경제적으로 넉넉한 생활보다는 깨끗하게 정리된 집에 사는 것이나 물리적으로나 정신적으로 지나치게 악착떨지 않으면서 사는 것, 나아가 다른 사람 눈에 어떻게 보이는가보다 내가 얼마나 만족하는가가 중요하다는 사실을 깨달았다.

그리고 이와 같이 언뜻 보기에 너무나 평범한 목표를 실현하는 것조차 현실적으로 너무나 어렵다는 사실을 깨달았을 때, 인생에서 무엇인가 달성하는 것에만 눈을 빼앗겼던 내가 새삼 보통 생활을 착실히 살아가는 것의 소중함을 발견할 수 있었다.

● 좋은 점 셋 … 지금까지의 인간 관계를 재평가할 수 있다

유언장을 쓰다 보면 자신에게 중요한 사람도 생각하기 때문에 결국 지금까지의 인간관계를 다시 평가하는 아주 좋은 기회가 된다.

인간 관계를 크게 나누면 '내가 주체적으로 선택할 수 없는 관계'(장기적으로는 부모와 자녀, 단기적으로는 함께 일하는 상사와 동료, 아이들과 관련된 만남, 상황에 따라서는 이웃 등)와 '주체적으로 선택할 수 있는 관계'(배우자나 애인, 친구, 상황과 처지에 따른 업무 상대 등)로 나눌 수 있다.

만일 내가 어떤 사람과의 인간관계가 스트레스라고 생각한다면 먼저 그 사람과의 관계를 '선택할 수 있는가', '선택할 수 없는가'로 나누어 보아야 한다. 그리고 '선택할 수 있다'면 누구와는 사귀고 누구와는 사귀지 말 것인지 결단을 내리고, '선택할 수 없다'면 스트레스를 어떻게 해소할 것인지 생각해야 한다.

또, 인간관계에는 스트레스뿐만 아니라 기쁨은 물론 슬픔과 고통도 공유할 수 있는 둘도 없이 소중한 관계도 있다. 그러나 이것도 자신의 주위를 찬찬히 살펴보지 않으면 결코 깨닫지 못할 때가 많아 의식적으로 자신과 그 사람의 관계를 되물을 기회를 만들어야 한다.

되묻는 작업이 바로 '자신이 이 세상을 떠난 사실을 누구에게 연락해야 할까'에 관해 생각하는 일이다. 결과적으로 이 일은 자기 주변 인물의 뒷조사가 되기도 한다.

통상, 자기 주변의 인간관계를 냉정하게 평가할 기회는 거의 없다. 그러므로 자신에게 이런 주제를 주는 것도 가치 있는 일이다.

● **좋은 점 넷 … 마음속으로 필요한 절차와 준비를 할 수 있다**

'사후 자신의 시신을 기증할 생각이다', '내 각막은 누군가에게 주고 싶다'고 말하면서 실제로 절차는 어떻게 되는지 모르는 사람이 뜻밖에 많다. 머릿속으로는 '누군가에게 도움을 주고 싶다'고 생각하지만 행동으로 옮기지 않는다면 명확한 의사표명에 이르지 않는다.

하지만 유언장에 자신의 뜻을 분명히 밝혀 두면 반드시 '그것을 실행하려면 어떻게 해야 좋을지'도 생각하게 된다. 다시 말해 유언장을 쓴다는 행위는 '무심히 생각하던 일'을 '구체적인 행동'으로 바꾸는 일이기도 하다.

또, 자신에게 필요한 정보나 절차를 급하지 않은 상황에서 준비하면 더욱 많은 정보 가운데에서 선택할 수 있기도 하다. 경험이 있는 사람이라면 알겠지만 시간에 제약이 있는 상태에서 정보를 수집하기란 매우 어려운 일이다. 시간에 여유만 있으면 좀 더 자신에게 '가치 있는 정보'를 얻을 수 있는데 시간이 빠듯하면 바라지 않던 결과와 타협하기도 한다. 아직 시간이 충분할 때 착수하면 서두르지 않아도 되므로 더 좋은 정보를 모을 수 있다.

다시 말해 일찌감치 유언장을 쓰면 정보 수집 기회도 많아진다.

'자신을 위해 쓰는 유언장'은 3부로 구성해서 생각하자

유언장이라고 하면 일이 복잡하고 까다로울 것 같다고 생각하는 사람이 많다. 하지만 이것은 어디까지나 '법적 효력이 있는 유언'에 대한 이야기다. 이 책에서는 '법적인 유언' 이전에 '자기 인생을 재평가하기 위해 쓰는 유언장'을 생각한다.

상세한 내용은 제5장에서 다루겠지만 '자신을 위해서 쓰는 유언장'은 3부로 구성해서 쓴다고 생각하자. 구체적으로 제1부는 자신의 인생을 재평가하기 위해 '자신이 살아 있는 동안에 사용할 정보', 제2부는 '자신이 죽은 뒤에 실무상 필요한 정보', 그리고 제3부는 '남은 사람에게 보내는 메시지'다. 항목은 다음과 같다.

제1부 … 자신이 살아 있는 동안에 사용할 정보
 · 자신에게 중요한 사람 명단

- 재산 목록
- 인생의 중장기 계획
- 목표나 좌우명
- 건강 기록
- 자신만의 전화번호부

제2부 … 자신이 죽은 뒤에 실무상 필요한 정보
- 법적인 유언이 있다면 어디에 보관했는가
- 죽음을 알리고 싶은 사람과 기관 연락처, 알리고 싶지 않은 사람 명단
- 사무 절차가 필요한 일의 목록
- 시신 기증과 장기 제공을 할 경우 연락할 곳
- 장례식을 할 것인가, 장례식을 할 경우 어떤 식으로 할 것인가
- 사망 광고를 낼 경우, 그 매체와 내용

제3부 … 남은 사람에게 보내는 메시지
- 일반적인 이별 메시지
- 상대를 특별히 정한 이별 메시지
- (만일 있다면) 법적인 유언

지금까지의 유언장은 기본적으로 '제3부' 뿐이거나 '제3부'에 '제2부'의 요소를 더한 것이 대부분이었다. 그러나 지금까지 이야기했듯 유언장

은 '제3자에게 글을 남기는' 일일 뿐만 아니라 '자기 자신이 살아가는 동안에 활용하는' 목적으로 쓰는 것도 좋지 않을까?

어쨌든 이런 구성으로 쓰다 보면 그 과정에서 생각지 않은 점을 발견할 수 있다. 유언장을 쓰면서 자신의 지금 상황을 파악하고 '앞으로 남은 시간을 어떻게 보낼지' 자신에게 물을 수 있기 때문이다.

그렇다, '유언장을 쓴다'는 것은 자신이 지금까지 살아온 인생과 남은 시간을 정리 정돈하는 일이기도 하다. 그래서 다음 제3장에서는 워크시트를 사용해서 '자신에 관한 정보'를 정리해 보자.

2장 정리

1. 유언장을 쓰면 좋은 점 네 가지
   - 자기 인생을 '중간 결산' 할 수 있다.
   - 자신의 가치관을 재평가할 수 있다.
   - 지금까지의 인간 관계를 재평가할 수 있다.
   - 마음속으로 필요한 절차와 준비를 할 수 있다.

2. '마흔에 쓰는 유언장'은 제3부로 구성해서 생각하면 좋다
   - 제1부 … 자신이 살아 있는 동안에 사용할 정보
   - 제2부 … 자신이 죽은 뒤에 실무에 필요한 정보
   - 제3부 … 남은 사람에게 보내는 메시지

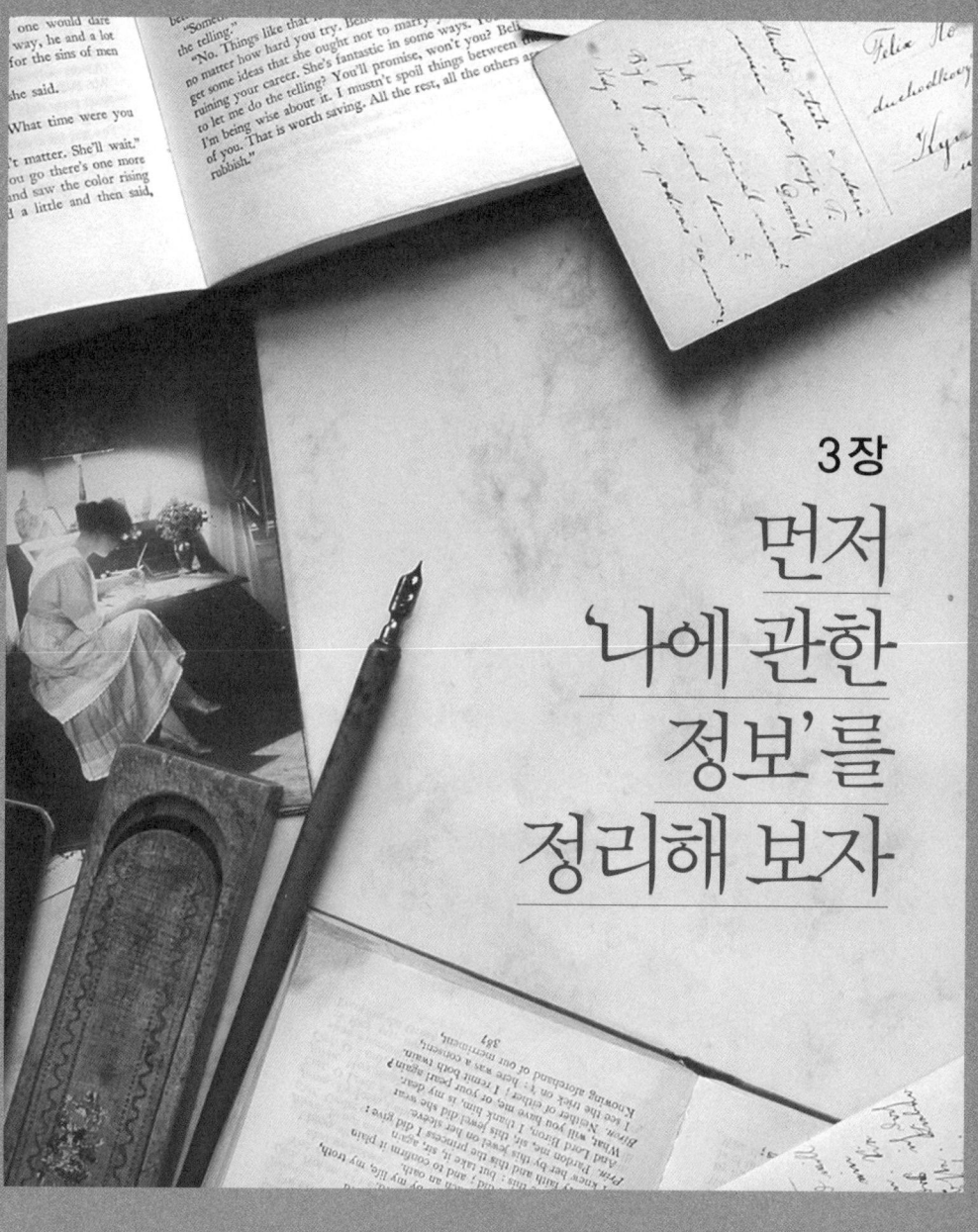

3장

먼저
'나에 관한
정보'를
정리해 보자

뜻밖에도
'나에 관한 정보'는
정리되어 있지 않다!

지금까지 젊은 사람들이 유언장을 쓰지 않았던 이유 가운데 하나는 유언장을 쓰려고 해도 도대체 어떻게 써야 하는지 몰랐기 때문이다. 또 지금 단계에서 특별히 쓸 일이 없기 때문에 유언장을 쓸 필요가 없다고 생각하는 사람도 많다. 하지만 이런 생각은 '유언장은 제3자에게 쓰는 것'이라고 한정하는 데서 나온다. 만일 자신의 인생을 뒤돌아보기 위해서 쓰는 것이라면 틀림없이 쓸 내용이 많다. 그러므로 먼저 '나에 관한 정보'를 정리해 보자.

이 작업을 시작하면 금방 알 수 있겠지만 '나에 관한 정보'는 <u>스스로 생각하는 것 이상으로 정리되어 있지 않다</u>. 가령 일상생활에 필요한 정보가 어느 정도 목록으로 정리되어 있다고 해도 여기저기 흩어져 있는 경우가 많다. 또 도대체 자신에 관해서 어떤 정보를 정리해야 할지 생각해 보지 않은 사람도 많다.

　나는 정보를 정리하는 도구로 '나의 노트'(24쪽 참조)를 만들었는데, 마찬가지로 이 장에서는 워크시트를 준비했다. 이 노트에 기입해 보면 자연스럽게 정보를 정리할 수 있고, 실제로 유언장을 쓸 때도 많은 도움이 된다.

　다음의 기입 예를 소개하면서 설명하겠다.

'죽기 전에 **하고 싶은 일**'은 무엇인가?

일본에서 2003년 가을에 개봉한 〈죽기 전에 하고 싶은 10가지(My life without me)〉라는 영화는 시사하는 바가 배우 크다. 주인공 앤은 23세다. 17세에 '속도위반'으로 결혼한 그녀에게는 여섯 살과 네 살 난 딸이 있다. 낮에는 육아와 가사, 밤에는 대학 건물을 청소하면서 실직한 남편과 아이들을 먹여 살리는 그녀는 말 그대로 '눈앞의 일'에 급급한 날들을 보내고 있었다. 그러던 어느 날, 갑작스런 복통으로 병원에 실려가게 되고 검사 결과 난소암 판명을 받는다. 의사는 남은 시간이 '앞으로 2개월'이라고 말한다. 그래서 그녀는 늦은 밤 커피숍에서 '죽기 전에 하고 싶은 10가지 일'이라는 목록을 노트에 적은 다음 그것을 착실히 실행으로 옮겨간다. 앤이 만든 목록은 다음과 같다.

1. 딸들에게 날마다 '사랑한다' 고 말해주기
2. 딸들이 좋아할 새엄마 찾기
3. 딸들이 18세가 될 때까지 해마다 들려 줄 생일 축하 인사 녹음하기
4. 가족과 함께 바닷가에 가기
5. 원하는 만큼 술과 담배 즐기기
6. 생각하던 것 말하기
7. 남편 말고 딱 한 사람 다른 남자 사귀기
8. 다른 사람을 유혹해서 사랑에 빠지기
9. 감옥에 있는 아버지 만나러 가기
10. 손톱과 머리 모양 바꾸기

앞으로 남은 시간이 얼마 없는 사람으로서는 매우 가깝고 구체적인 목록이다. 앤은 아직 젊고 재산다운 재산도 없기 때문에 내용이 이럴지도 모른다. 하지만 내가 이 목록을 보고 느낀 점은 '남은 시간이 별로 없을 때〈하고 싶은 일 목록〉을 생각하면 그 내용은 뜻밖에도 너무나 일상적이 될지도 모른다' 는 사실이었다.

그리고 이 영화에서 가장 인상적이었던 장면은 '목록' 을 만들고 난 뒤에 앤이 삶을 살아가는 자세가 변한 것이었다. 인생의 마지막이 다가옴에 따라 지금까지의 '단조롭고 가난한 날들' 에서 '목표를 향해 적극적으로 사는 날들' 을 보내는 앤. 화면에는 살아 있다는 실감과 기쁨을 느끼면서 마지막 시간을 너무나 소중하게 사는 모습이 그려져 있었다.

그렇다면…… 우리도 앤이 되어 보는 건 어떨까? 앞으로 남은 시간이 이것뿐이라고 가정하고 하고 싶은 일 목록을 만들어 보는 것이다. 그렇게 하면 막연하던 자신의 생각이 구체적으로 바뀌지 않을까?

● **인생에서 앞으로 남은 시간이 (　)뿐이라면 무엇을 할까?**

그러면 워크시트 Ⓐ '인생에서 앞으로 남은 시간이 (　)뿐이라면 무엇을 할까?'에서 하고 싶은 일을 10가지 생각해 보자. 남은 시간은 1일, 1주일, 1달, 1년의 네 가지로 정했다. '앞으로 하루'와 '앞으로 1년'에서는 할 수 있는 일의 내용과 양이 크게 달라지므로 남은 시간에 맞추어서 적당히 조절하는 것도 잊어서는 안 된다. 또 기입하는 순서는 '남은 시간이 짧다 → 길다' 쪽이 자신에게 무엇이 중요한 일인지 분명히 알 수 있어 쓰기 쉽다.

'남은 시간이 앞으로 (　)뿐이라면'이라는 인공적인 결정적 순간을 체험하는 가치는 어쨌든 '우선 순위'를 생각하는 데 있다. 오히려 시간이 많다면 '이것도 하고 싶다, 저것도 하고 싶다'고 생각하는 것이 인지상정이다. 하지만 한정된 시간 안에 해야 한다면 당연히 포기해야 하는 것도 생긴다. 그러기 위해서도 '남은 시간이 앞으로 (　)뿐이라면' 워크시트는 유익하다.

이 워크시트로 우선 순위를 확인했으면 다시 아직 시간이 충분히 남아 있는 현실로 돌아오자. 이미 '포기해야 할 일'이 무엇인지 알았으므로 앞으로 계획을 세울 때는 어느 정도 실현 가능한, 그러나 '꼭 하고 싶은' 일을 포함해서 계획을 세울 수 있다.

● 자신의 장례식은 어떻게 할 것인가?

'남은 시간'을 생각하는 김에 워크시트 ⓑ '내 장례는 어떻게 할까?'로 자신의 장례식을 기획하자.

워크시트 Ⓐ 인생에 남은 시간이 앞으로 (1주일)뿐이라면 무엇을 할까?
* 책 끝 부분 148쪽의 기입용지에 써 보자.

	하고 싶은 일	우선 순위
1.	◎	친한 사람을 초대해서 차나 식사를 함께하고 싶다
2.	○	그때, 우리 집에 있는 물건 중에서 상대방이 원하는 것을 준다
3.	△	버스를 타고 시내를 한바퀴 돌아본다
4.	◎	밤 8시부터 10시까지를 수다 시간으로 정해서 멀리 떨어져 있는 친구와 전화하기
5.	◎	밤 11시부터 12시까지는 전자우편이나 편지를 쓰는 시간으로 한다
6.	○	마지막 1주일 동안 먹고 싶은 음식 목록을 만든다
7.	○	마음에 드는 호텔에 묵는다
8.	○	하루 동안 나와 관련 있는 장소를 돌아본다
9.	△	마사지를 받으러 간다(분발해서 1시간 넘는 코스)
10.	◎	만 하루 동안 방 정리와 청소를 한다

* ( ) 안에는 1일, 1주일, 1달, 1년의 기간을 써넣는다.
* 먼저 하고 싶은 일을 무작위로 10가지를 고른 다음에 우선 순위를 매겨 본다.
* 우선 순위는 ◎ 꼭 하고 싶다, ○ 가능한 하고 싶다, △ 여유가 있으면 하고 싶다로 나눈다.
* 위의 내용은 내가 정리한 '앞으로 1주일' 의 예다. 주로 친구와 교류를 나누는 내용이 많은데 먹보인 나로서는 먹고 싶은 음식 목록 작성도 넣었다!

결혼식을 할 때는 '마음에 드는 레스토랑' 이나 '꿈꾸던 드레스' 를 스스로 결정하지만 장례식이나 묘지는 스스로 결정하는 사람이 드물다. 아주 자세하게 '장소는 ~ 메모리얼 홀에서, 무종교. 헌화는 흰색 카네이션을 원한다' 고 하지 않더라도 '~는 안 된다' (예를 들면 '화려한 제단이 있는 장례식장만큼은 피하고 싶다')는 식으로 쓰는 것도 좋다. 또 묘지도 '선산에 묻어 달라(아니면 묻지 말라)' 든지 '묘는 필요 없고 유골은 ~ 강에 뿌려 달라' 는 희망이 있으면 그것도 글로 써 보면 자신의 생각을 잘 알 수 있다.

워크시트 ⑧ 자신의 장례식은 어떻게 할 것인가?

* 책 끝 부분 149쪽의 기입용지에 써 보자.

---

1. 장례식을 ☐ 하고 싶다 ☐ 하고 싶지 않다

---

2. 자신의 장례 스타일은

· 어디에서?

· 어떤 형태로?

· 특별히 신경 쓰는 부분이 있다면 (꽃이나 음악 따위)

---

3. 만일 장례식을 하고 싶지 않다면?

특별히 장례식 따위는 하지 않아도 된다. 단, 그때 내가 어느 정도 사회 생활을 하고 있는지에 따라 다르겠지만 완전한 은둔 생활이 아니라면 친한 친구 몇 명이 분담해서 우편 목록으로 죽음을 알려 줄 수 있다면 고맙겠다.

---

4. 이것만큼은 피하고 싶은 것이 있다면

나를 위해서 일부러 시간을 내는 것은 원치 않는다. 내가 이 세상을 떠난 것을 계기로 아는 사람들끼리 모일 기회를 갖고 싶다면 몰라도 체면 때문에 참석하는 모임은 피하고 싶다.

---

5. 묘는 어떻게 할까?

---

* 위의 다섯 가지 설문 중 쓸 곳만 기입한다.
* 나는 장례식을 하고 싶지 않으므로 2번은 기입하지 않았다. 또 묘는 아직 생각해 보지 않았으므로 5번도 백지로 놔두었다. 3은 앞으로 마음이 변할지 모르지만 지금 생각하는 것을 써넣었다.
* 인생 중반에서 장례식은 아직 먼 이야기다. 이처럼 무리하지 말고 쓸 수 있는 부분만 쓰면 된다.

인생의
중·장기계획을
세워 보자

'인생 계획'이라고 하면 너무나 막연하다. 그러나 기간을 구분해서 '언제까지는 이런 일을 실현하고 싶다'는 식으로 생각해 보면 어느 정도 구체적인 내용을 들 수 있다.

나는 지금까지의 나를 돌아보는 의미에서는 '나의 역사 연표', 앞으로의 계획을 세울 때는 '나의 미래 연표'라는 것을 사용한다. 세로축은 시간(연표에서 눈금은 연 단위), 가로축에는 그 해의 주요 사건을 쓴다.

워크시트 ⓒ 나의 역사 연표

* 책 끝 부분 150쪽의 기입용지에 써 보자.

| 나이 | 주요 사건 |

- 24세 신문사에 입사. 카나자와에서 혼자 살다 생활이 갑자기 변함!
- 25세 기자생활 2년째. 업무에서 좀처럼 성과가 오르지 않아 낙담
- 26세 별거 결혼 시작. 당시는 전자 메일이 없어서 FAX가 큰 활약
- 27세 오사카로 전근. 조금씩 일이 재미있어진다
- 28세 남편도 오사카로 전근 와서 동거 시작
- 29세 프리랜서 카메라맨, 디자이너와 함께 일을 시작한다. 회사에 있는 것만이 전부가 아니라는 사실을 깨닫다!

- 30세 도쿄로 전근. 다시 별거 생활 시작. 쓸데없이 바쁘다(눈물)
- 31세 집을 산다. 사택에서 지내는 생활이 너무 싫어서
- 32세 회사를 그만두고 독립. 남편도 도쿄로. '처음 3년 동안은 어떤 일이든 마다하지 않는다'를 모토로 삼고 열심히!
- 33세 집수리(거실과 부엌)
- 34세 처음으로 책 출판. 역시 너무 힘들다, 뼈를 깎는 고통……
- 35세 집수리(수도와 다른 방)
- 36세 프리랜서가 된 지 3년이 지남. 앞으로는 자신 있는 분야에 집중할 생각
- 37세 컴퓨터 환경 정리(인터넷을 시작하다)
- 38세 아오야마에 사무소를 두다. 염원하던 직장과 집 분리. 그러나 경비는 늘었다
- 39세 대학원에 입학(법률 전공)

- 40세 논문작성 시간을 벌기 위해 업무량을 줄인다
- 41세 대학원 수료. 집을 바꿈. 독립해서 처음으로 수입 감소를 체험
- 42세 거래처가 도산해서 미수금이 생겼다

43세 대학원 입학(경영학 전공)
44세 사무소 이전(아오야마에서 신바시로). 조금 넓어졌다
45세 대학원 수료. 4월부터 대학에 나감

---

* 나는 24세에 사회인이 되었기 때문에 출발이 24세다. 또 개인적인 일과 업무적인 일을 함께 적었지만 따로 칸을 만들어도 좋다.
* '주요 일들'에는 객관적인 사실을 넣었지만 표 등을 이용해서 그때 느꼈던 점을 써넣어도 좋다.

● **자기 역사 연표**

과거를 돌아보기 위한 것이 '자기 역사 연표'인데 연표의 시작을 언제로 잡아야 할지 고민하는 사람이 있다. 30대 후반이 지난 사람이라면 사회인이 된 해부터 쓰기 시작하는 것이 적당하다. 또 만일 여러분이 20대나 30대 초반이라면 '사회인이 된 해부터'라고 하면 내용이 너무 짧아지므로 '의무교육이 끝난 시점'을 출발점으로 하면 좋다.

내 연표는 워크시트 ⓒ와 같다. 여기에서는 개인적인 항목과 업무에 관한 항목을 함께 적었는데 나누어서 적고 싶을 때는 항목을 나누어도 상관없다.

나는 일을 시작한 지 꼭 20년이 지났다. 이렇게 연표로 만들면 지금까지 보낸 시간을 다음과 같이 나눌 수 있다.

(1) 사회에 첫발을 내딛은 시기 … (24~31세)

일은 구했지만 취직, 전근, 결혼으로 생활이 끊임없이 변하는 시기다. 이때는 아직 '어딘가에 안주하고 싶다' 기보다는 홀가분하게 움직이는 것이 최우선이었다.

(2) 사회인 2기 … 프리랜서로(32~38세)

회사를 떠나 '스스로 일을 하는' 스타일로 옮겨간 시기. 시간을 활용하는 법과 일하는 스타일에 제약이 없어졌지만 초기에는 그것에 익숙해지기까지 생각보다 시간이 많이 걸렸다.

(3) 재교육기 … 대학원으로(39~40세)

프리랜서에 익숙해지자 '모처럼 시간을 자유롭게 쓸 수 있으니 기회를 살리고 싶다' 는 생각이 들었다. 그래서 대학원에 갔다. 전공은 지금까지 깊이 공부할 기회가 없었던 법률. 한번 학교로 돌아가자 이번에는 열의가 생겨서 경영학을 공부하러 대학원에 가게 되었다.

(4) 사회인 3기 … '가르치는 일'을 시작하다(45세~)

대학원을 수료하고 나서 대학에서 아이들을 가르치지 않겠냐는 제의를 받았다. 지금까지와는 완전히 다른 일이지만 '인생에서 겪는 모든 일은 경험이 된다' 는 정신으로 시도해 보기로 했다. 수업 내용을 알차게 만드는 것과 앞으로 3년 동안 연구 보고를 정리하는 것이 당면 과제다.

워크시트 ⓓ 나의 미래 연표

*책 끝 부분 151쪽의 기입용지에 써 보자.

나이	하고 싶은 일
45세	집과 사무실 정리정돈
46세	주말농장에서 야채 재배 시작(미래의 자급자족 생활 연습!)
47세, 48세	연구보고 정리
49세	지금까지의 일을 임시로 정리한다(제1기)
50세	이 무렵까지 커리어 카운셀링 실례집을 만든다
51세	이 무렵부터 해외 장기 거주 후보지를 찾아가기 시작한다
52세	
53세	
54세	지금까지의 일을 임시로 정리한다(제2기)
55세	주택 대출 상환 완료(지금까지 생활 예산규모를 줄일 수 있다!)
56세	소유물을 줄이기 시작한다(책이나 자료를 받아줄 곳을 결정한다)
57세	사무소를 접을 준비에 들어간다
58세	2년 동안 일본어 교사 자격을 딴다
59세	
60세	지금까지의 일을 임시로 정리한다(제3기)
61세	지금부터 70세까지 해외에서 장기간 머문다
62세	일본과 해외를 오가는 생활로 바꿈
63세	
64세	
65세	아무리 늦어도 이 무렵까지는 해외 장기 체류를 실현한다!

* 나는 사적인 내용과 업무 내용을 함께 적었지만 따로따로 만들어도 된다.
* '하고 싶은 일'에는 현시점에서 정해진 계획 이외에 가능하다면 해보고 싶은 일, 막연한 바람도 망설임 없이 쓴다. 물론 빈칸이 있어도 괜찮다.

내 과거를 떠올린 적은 있어도 계통을 세워서 생각한 적은 지금까지 별로 없었다. 자신의 역사 연표를 쓰는 것은 자신의 인생을 객관적으로 살피는 일이 된다.

● **나의 미래 연표**

'나의 역사 연표'를 썼다면 이번에는 앞으로의 계획을 기록해 보는 '미래 연표'다.

이것도 워크시트 ①'나의 미래 연표'를 이용해 예를 들어보았다. 나는 앞으로 20년을 생각하고 썼는데 좀더 길게 '앞으로 30년 계획표'라도 상관없다. 단, 이때 어디까지나 '미래'의 일이므로 현시점에서 분명히 정해져 있는 것 외에는 '가능하면 ~하고 싶다', '이 무렵까지는 ~하고 싶다'는, 분명치 않은 요소를 포함해도 좋다. 내가 쓴 내용도 상당히 유동적이다.

65세 이후에 어떻게 할지는 아마 55세쯤 되어서 생각하게 될 것이다. 너무 먼 미래는 사회 정세나 자신의 생각이 달라질 가능성도 있으므로 지금은 앞으로 20년까지만 생각해도 충분하다.

워크시트 Ⓔ 1. 인생의 장기계획

* 책 끝 부분 152쪽의 기입용지에 써 보자.

기간	업무	사생활
앞으로 2~3년 ⇒ 45~47세	대학교수 생활에 익숙해진다. 알찬 교재를 마련한다. 연구를 확실히 한다. 연구내용을 보고서에 정리한다.	주변 환경을 정리한다. 절약해서 생활비용이 늘지 않도록 애쓴다. 어학 공부를 다시 한다.
3~5년 뒤 ⇒ 48~50세	지금까지의 일을 임시로 정리한다. 이 무렵 앞으로의 주제를 다시 생각한다.	집안일 노하우 등 자신의 경험을 적극적으로 알린다. 노후자금 공부를 시작한다.
6~10년 뒤 ⇒ 51-55세	이때 필요한 일을 시작한다. 일을 도와줄 사람을 키운다.	주택대출금을 다 갚을 때까지 계속 알뜰하게 생활한다. 해외 장기 체류 후보지를 견학하러 간다.
10년 이후부터 56세~	그때 상황에 따라 일을 한다. '생활을 유지하기 위한 일'에서 벗어나는 것이 꿈.	장기 체류 준비 개시. 일본어교사 자격 취득. 시간적으로 여유 있는 생활을 하고 싶다.

* '미래 연표'에서는 희망이었던 내용들을 '인생의 장기계획'이나 '인생의 중기계획'에서는 한 걸음 더 나아가 구체적으로 생각한다.
* 이쪽은 몇 가지 항목으로 나누어서 생각하는 편이 더 쉽다. 나는 일을 하므로 일과 사생활로 나누었지만 가족, 취미, 봉사활동, 공부 같은 항목도 생각할 수 있다.
* 쓰는 순서는 어느 쪽부터 쓰든 상관없지만 장기계획, 중기계획 순서로 쓰는 편이 편하다.

워크시트 Ⓔ 2. 인생의 중기계획

* 책 끝 부분 153쪽의 기입용지에 써 보자.

기간	업무	사생활
1년째	수업 교재를 알차게 준비한다. 프레젠테이션 기술을 닦는다. 사무 처리의 효율화.	물건을 줄이고 주거환경을 정리한다. 집안 청소표를 만들어 실행한다. 운동 습관을 들인다.
2년째	파일링 시스템을 구축한다. 히어링 조사를 시작한다. 연구 주제를 검토한다.	주말 농장에서 야채 재배 개시 홈페이지를 만든다. 옷을 줄이고 효율적인 옷장을 생각한다.
3년째	연구보고서를 정리한다.	홈페이지를 개선한다. 오스트레일리아 여행.
4년째	3년째까지 했던 연구 계속. 새로운 연구 주제에 도전. 새로운 졸업, 재취직 커리어 상담시간을 얻는다.	집안일 노하우를 가르칠 워크숍을 열고 싶다.
5년째	지금까지 한 일을 정리한다. (저작물 등)	가사 워크숍을 본격적으로 시작한다.

● 인생의 중기계획

앞으로 남은 시간을 어떻게 보내야 할지 생각할 때, 앞에서 들었던 미래 연표를 바탕으로 구체적인 계획을 세워 보는 것도 좋다. 가령 앞 페이지의 워크시트 ⓔ처럼 중기(3~5년 정도), 장기(10년 이상)로 나누어서 자신이 하고 싶은 일, 해야 할 일을 구체적인 목록으로 만들어 보면 '지금 무엇을 해야 할지' 저절로 알 수 있다.

이렇게 적어 보면 어쩐지 모호한 꿈이 실현에 한 걸음 다가가는 듯한 느낌이 든다. 중장기 계획은 업무와 사생활 등 몇 가지 항목으로 나누어서 생각해 보자.

나의
'인적 자원'을
재평가하자

지금까지 한 작업으로 인생이란 '한정된 시간'이라는 사실을 새삼스럽게 깨달은 사람도 많을 것이다. 그렇다, 아무리 오래 살든, 본의 아니게 삶을 일찍 끝내든 누구에게나 '인생이란 정해진 시간을 사는 것'이다. 그것을 실감했다면 다음에는 '자신의 자원'을 알아야 한다.

'자원'이라는 말에서 흔히 금전적인 의미에서의 자원을 연상하는데 인생은 돈만으로는 살 수 없다. 시간도 물론 자원이지만 무엇보다 중요한 것은 '다른 사람과의 관계'다. 그래서 여기에서는 자기 주변의 인간관계를 확인해 보려고 한다.

● 인맥 그림표

나는 주위 사람과의 관계를 시각화하는 데 '인맥 그림표'(워크시트 Ⓕ

참조)를 사용한다.

'인맥 그림표'란 '좋고 싫음'이라는 축과 '가치와 이익의 유무'라는 축을 서로 만나게 해서 자신에게 중요한 사람을 확인하고 '자신의 인적자원'을 시각적으로 이해하기 위한 그림표다. 구체적으로는 중심축에서 오른쪽으로 갈수록 '좋다', 왼쪽으로 갈수록 '싫다', 위로 갈수록 '(자신에게) 가치가 높다', 아래쪽으로 올수록 '가치가 낮다'는 위치관계로 되어 있다. 그 내용을 4그룹으로 나누어서 자세하게 설명해 보자.

오른쪽 위는 '좋아하기도 하고 가치도 높은' 다이아몬드 그룹으로 이것은 말 그대로 다이아몬드처럼 귀중한 존재인 사람들이다. 업무상에서 생각하면 자신을 높게 평가해 주는 상사나 선배, 유능하고 신뢰할 수 있는 동료나 지인이 여기에 해당한다. 이 그룹에 속하는 사람은 서로 다이아몬드로 남을 수 있도록 자신도 할 수 있는 만큼의 일을 해야 한다.

그 아래는 '좋아하기는 하지만 가치는 낮은' 하트 그룹이다. 우호적인 관계이기는 하지만 인맥이나 정보력 같은 구체적인 실력은 그다지 도움이 되지 않는 사람들이다. 단, 이 그룹은 '스스럼없는 교제'에는 가장 적당할지 모른다. 왜냐하면 다이아몬드 그룹의 사람에게는 늘 '유능하고 신뢰할 수 있는' 내 모습만 보여 줘야 하지만 하트 그룹에게는 '못하는 자신', '불평만 하는 자신'을 보여 주어도 특별히 문제가 없기 때문이다.

워크시트 Ⓕ 인맥 그림표

*책 끝 부분 154쪽의 기입용지에 써 보자.

```
                        가치가 높다
                            ▲
         전 동료 M          │          선배 N
   (유능하지만 성격이 조금 나쁘다)    │    (일을 소개해 주었다)
                            │         카메라맨 K
         편집자 Z            │    (유익한 조언을 해주었다)
   (실력자이지만 성격이 너무 강해서  │         편집자 H
         사귀기 어렵다)        │    (일을 발주해 줄 것 같다)
                            │
  싫다 ◀─────────────────────┼─────────────────────▶ 좋다
                            │
         아는 사람 Y         │         편집자 B
   (회사를 떠난 나한테 이제 가치가  │  (사람은 좋지만 일과 연결되지 않을지도)
         없다고 말했다)       │
                            │       대학 때 친구 S
         전 동료 O           │  (만나는 건 즐겁지만 일과는 관계없다)
   (나를 이용하지만 결코 자신은    │
      아무 것도 해 주지 않는다)   │
                            ▼
                        가치가 낮다
```

*가로 축은 싫고 좋음, 세로 축은 나에게 얼마나 가치가 있는가, 다시 말해 오른쪽 위인 '다이아몬드' 그룹은 좋아하는 데다가 가치가 높은 그룹이다. 그 아래 '하트' 그룹은 좋아하지만 가치는 낮은 그룹. 또 왼쪽 위 '클로버' 그룹은 싫어하지만 가치가 높다, 왼쪽 아래 '스페이드' 그룹은 싫어하는 데다가 가치도 낮은 그룹이 된다.

*이 예는 내가 독립할 때 실제로 만든 것의 일부다. 그때 생각한 '가치'는 독립하는 데 힘이 되어 줄 수 있는가에 포인트를 두었다. 결코 인간적 가치가 아니다.

그런데 문제는 왼쪽 위에 위치한 '싫어하지만 가치가 높은' 클로버 그룹이다. 이 그룹에 속하는 사람은 능력은 많지만 인격적으로 대하기는 싫은 사람과 성격이 맞지 않는 사람이다. 이 그룹을 대하는 방법은 두 가지다. 하나는 그 사람이 지닌 인맥과 정보를 활용하는 데 중점을 두고, 이때 과감하게 머리를 숙이는 방법. 또 다른 하나는 그 사람이 지닌 자원은 매력적이지만 별로 존경할 것 없는 상대에게 도움을 받는 것은 떳떳하지 못하다고 생각하고 그 사람의 힘을 포기하는 방법이다. 어느 쪽이 좋은지 일률적으로 말할 수는 없다. 이것은 어디까지나 개인의 가치관에 달린 문제이기 때문이다.

그리고 마지막은 왼쪽 아래의 '싫어하는 데다가 가치도 낮은' 스페이드 그룹이다. 이 그룹은 정확히 말해 시간과 에너지만 낭비할 뿐 가치 없는 존재다. 가능한 인연을 만들지 않도록 노력하는 것이 현명하다.

이와 같은 그림표를 만드는 것에 대해서 심리적인 거부감을 느끼는 사람도 있겠지만 사실 누구나 무의식적으로 이런 표를 만들고 있다. 그것을 분명한 형태로 눈으로 볼 수 있게 그려 보면 자신의 인적 자원 상황을 알 수 있다.

이 인맥 그림표의 포인트는 '가치가 높다', '이점이 있다'는 '가치기준'을 어디에 두는가에 있다. '일이 잘 풀린다', '정신적으로 만족한다' 같은 가치(다시 말해 세로축)는 사고방식에 따라 달라지므로 자기 나름의 기준을 생각해 보면 좋다.

나에게 인맥 그림표가 가장 큰 도움을 준 것은 32세 때 회사를 그만두고 프리랜서로 일을 시작했을 때였다(그때의 인맥 그림표가 61쪽에 나오는 것이다). 나를 둘러싼 환경이 많이 변하는 시기에 누가 도움이 될지 알아보는 일은 말하자면 사활 문제였던 것이다. 다이아몬드 그룹에 들어간 사람들은 역시 이미 스스로 일을 시작해서 성공을 거두고 있는 프리랜서 선배들이나 신뢰할 수 있는 편집자들이었다(단, 상대도 나를 '다이아몬드'로 생각할지 모르지만). 여하튼 이때 여러 형태로 손을 내밀어 준 사람들에게는 지금까지도 깊이 감사한다.

● 신세를 진 사람 목록

인맥 그림표를 다 만든 뒤에 이어서 생각해야 할 것은 '신세를 진 사람에게 신세를 갚고 있는가?' 라는 점이다.

앞에서 이야기했듯이 내가 회사를 그만두고 혼자서 일을 시작했을 때, 알게 모르게 도와준 사람들이 있었다. 그런 사람들은 평생의 은인이다.

그러나 '은인'에게 반드시 보답하기란 매우 어려운 일이다. 특히 사회적인 지위나 경제력에 큰 차이가 나는 경우, 내 쪽에서 아무리 애를 써도 곧 '보답'하기 어려운 경우가 많기 때문이다. 그래도 자기 나름대로 고마운 마음은 전해야 한다.

그래서 '누가 어떤 일로 나를 도와주었는가', 그리고 나는 어떤 식으로 보답했는가를 기록하고 확인하기 위해 '신세를 진 사람 목록' (워크시트 ⓖ)을 준비하면 좋다.

만일, 보답하지 못한 채 자신이 이 세상을 떠난다면 그 사람에게 고마운 마음이 클수록 미련이 남기 때문이다. 그러므로 지금 '할 수 있을 때 할 수 있는 일을 하는' 습관을 들이는 것이 좋다.

그런데 이른바 '보답'이라고 하면 금방 '물건'이나 '돈'을 떠올리는 사람도 있을 텐데 진정한 의미의 보답이란 사실 '돈으로는 살 수 없는 것'이 많다.

예를 들면 내 주위에는 신세를 진 손윗사람들의 컴퓨터나 휴대전화를 커스터마이즈(그 사람 전용으로 쓰기 쉽게 설정한다)해 주거나 홈페이지를 만들어 준다거나 어떤 모임이 있으면 달려와서 도와주는 형태로 보답하는 사람이 있는데 모두들 고마워한다.

자기보다 실력도 나이도 많은 사람에게는 좀처럼 보답할 일이 없지만 그렇다고 젊은 사람에게 '보답' 할 기회가 전혀 없다는 뜻은 아니다. 요는 자신이 할 수 있는 범위 내에서 상대방이 기뻐할 일을 생각하는 자세가 중요하지 않을까?

워크시트 ⓖ 신세를 진 사람 목록

* 책 끝 부분 153쪽의 기입용지에 써 보자.

누가	언제	어떻게?	이쪽에서는?
1. N.T. 씨	90년 가을	막 독립한 나에게 일을 발주해 주었다.	아직 충분히 갚지 못했다. (95년 딸아이 출산)
2. F.M. 씨	92년 가을	내 첫 단행본 편집을 맡아 주었다.	그녀가 독립할 때에 약간의 도움을 주었다. (94년 결혼)
3. U.C. 씨	94년 겨울	내 단행본 일을 응원해 주었다.	U집 파티에서 요리를 맡았다. (방에 꽃을 거르지 않는다)

* 여백에(여기에서는 괄호 안) 신세를 진 사람의 가족 관계나 취미 등을 기록해 두면 신세를 갚을 때 참고가 된다.

'돈'에 관한
정보도 중요하다

'사람'이라는 재산과 '돈'이라는 재산은 수레의 바퀴 같은 관계다. 양쪽 모두 중요하며 우열을 가릴 수 없다. 게다가 그 실태를 직시하기 힘든 점도 아주 닮았다. 특히 돈에 관해 '나는 자산이 별로 없기 때문에 재산 목록은 필요 없다'고 말하는 사람이 있는데 금액이 많고 적음에 상관없이 최소한 현재의 자산 상황은 알아둘 필요가 있다.

● 재산 목록, 계좌 목록

자산 상황을 파악하기 위해서는 어떤 은행의 어떤 계좌에 잔고가 얼마인지, 보유하고 있는 유가증권 종목과 구입액(참고로 현재액을 써넣어도 좋다), 주택대출과 잔액을 자기 나름으로 알기 쉬운 형식으로 써 둔다.

한 예로 다음 페이지의 워크시트 ⑪(재산 목록과 계좌 목록)를 소개한다. 이것은 최소한의 항목만을 써넣은 아주 간단한 것이다.

이렇게 해서 자신이 현재 가진 재산을 목록으로 만들어 보면 뜻밖에 '티끌 모아 태산'이라는 말을 실감할 수 있지 않을까?

이 일을 계기로 '과감하게 회사를 그만두고 독립했다' 등 '이제 이혼해도 당분간은 생활할 수 있다' 등 새로운 길로 나선 사람도 있다.

워크시트 Ⓗ 1. 재산 목록
* 책 끝 부분 156쪽의 기입용지에 써 보자.

● 작성일   2×××년 ×월 ××일

● 자산 | ● 부채

예금액 : ○○○원 | 주택대출 잔액: ○○○원

유가증권: ○○○원 | (주택금융기금 2.7%)

기타: | 기타 차입 잔액: ○○○원

소유하고 있는 부동산

도쿄도 X구 아파트(70m2)의 지분 1/2

---

* 자산 칸의 '유가증권' 금액은 기본적으로는 취득가격이지만 가격 변동이 크면 여백에 현재액을 써 두어도 좋다.
* 자산 칸의 '기타'에는 리조트 회원권 등이 있으면 써넣는다.

워크시트 Ⓗ 2. 계좌 목록

* 책 끝 부분 157쪽의 기입용지에 써 보자.

금융기관, 지점	계좌번호	현재 잔액(날짜)	비고
1. ○○은행, △지점	*******	******원 (○○년 ○월 ○○일)	주택대출 만기 전 상환용
2. ××은행 ◇지점	*******	******원 (○○년 ○월 ○○일)	생활자금
3. □□증권 ○지점	*******	******원 (○○년 ○월 ○○일)	

* 비고 칸에는 저축 목적, 금융기관의 연락처 등을 기입해 두면 편리하다.

나는 무엇을
남길 것인가?

'나는 이 세상을 떠나면서 도대체 무엇을 남길 것인가?' 이런 물음에 대한 일반적인 대답은 얼마의 저금과 부동산 정도다. 그러나 그 이외에 남기고 싶은 것이 있다면 그것은 무엇일까? 재산목록에는 기입하지 않은 '남길 것'을 생각해 보는 것도 의의가 있다.

이 장 첫머리에 소개한 영화 〈죽기 전에 하고 싶은 10가지 일〉에는 인상적인 장면이 몇 군데 나온다. 자신의 죽음을 안 주인공이 딸들이 18세가 될 때까지 해마다 들려 줄 생일 메시지를 카세트 테이프에 녹음하는 장면도 그 중 하나다. 주인공은 이 테이프를 자신의 주치의에게 맡겨놓고 매해 생일날에 딸들에게 보내 달라고 부탁한다. 경제적으로는 결코 넉넉하다고 할 수 없는 앤은 남길 재산이 없다. 그러나 자신이 죽은 뒤에도 '내가 분명히 여기에 있었다'는 증거를 남기고 싶을 때 앤은 자신의 육성을 기록하기로 했다. 테이프를 맡긴 주치의는 아마 생일날 앤의 딸들에게 테이프를 계속 보낼 것이다. 화면 속에서는 나오지 않았지만 틀림없이 테이프는 앤의 딸들에게 매우 소중한 보물이 될 것이다.

워크시트 ① 내가 죽은 뒤에 남길 것은 무엇인가?
* 책 끝 부분 158쪽의 기입용지에 써 보자.

남길 수 있는 것	어떻게 처리할까?	그러기 위해서는 어떻게 해야 하나?
1. '여성과 일'에 관한 책	전문도서관이나 연구자에게 기증한다.	기증 후보지를 목록으로 만들어 둔다.
2. 개인전 등에서 모은 작가의 일본 그릇들	원하는 사람이 있으면 준다.	집에서 파티를 열었을 때 물건을 보여 준다.
3. 저금한 돈 약간	아시아 여학생을 대상으로 장학기금을 설정.	신탁 방법에 대해 신탁 은행에 상담하러 간다.

* 예금액이나 부동산 등, 이른바 재산에만 구애받지 말고 소지품이나 연구 성과 등을 살릴 방법도 생각하면 좋다.

● 자신이 죽은 뒤에 남길 것은 무엇인가?

　무엇인가를 남기거나 누군가에게 맡기려고 할 때 아이가 있는 사람이라면 먼저 '우리 아이'라고 받을 사람을 분명히 상정해도 좋다. 그러나 아이가 없는 사람(나 같은 경우)은 좀더 막연하게 '앞으로 살아갈 시간이 남은 사람'을 상정해서 '내가 이 세상을 떠난다면 무엇을 남길까?'라는 시점에서 생각해 보면 여러 가지 생각이 떠오를 것이다.

　예를 들면 나는 워크시트 ①를 기입하면서 아시아 지역의 젊은 여성을 응원하고 싶다는 생각을 하게 되었다. 제1장에서 소개한 유언의 내용(14쪽 참조)은 이런 생각 끝에 도달한 결론이었다.

어떻게
살고 싶은지
생각해 본다

지금까지 '나에게 중요한 것은 무엇인가?', '어떻게 살고 싶은가?'에 관해 생각할 기회가 많았다면 그 사람은 매우 행운아라고 할 수 있다. 보통은 눈앞에 쌓여 있는 '꼭 해야만 하는 일'을 정리하느라 정신이 없어서 좀처럼 어떻게 살고 싶은지, '목표'를 생각할 겨를이나 정신적인 여유가 없는 것이 현실이기 때문이다. 하지만 모처럼 얻은 기회이므로 여기에서 '자신의 인생에 중요한 일'과 '지금의 삶과 앞으로 살고 싶은 삶의 간격을 메우는 방법'에 대해서 생각해 보자.

워크시트 ⓙ 내가 중요하게 여기는 일

* 책 끝 부분 159쪽의 기입용지에 써 보자.

1. '경제적으로 넉넉한가' 보다 '정신적, 시간적으로 넉넉한가'를 목표로 한다.
2. '하고 싶은 일'과 '목표로 삼고 싶은 일'을 생각하는 것도 중요하지만 현실적인 가능성도 함께 검토하는 균형 감각을 지닌다.
3. 일상 생활에서 작은 것을 소중히 여긴다.
   (예를 들면 '쓰레기는 모아두지 않는다', '정기적으로 운동한다' 등)

* 3~5 항목 정도는 목록으로 정리한다.

워크시트 ⓚ 지금의 내 모습과 정말로 원하는 내 모습

* 책 끝 부분 160쪽의 기입용지에 써 보자.

정말 원하는 내 모습	지금의 내 모습	벌어진 틈을 메우려면?
1. 우선 순위를 적절히 조절해서 필요 이상으로 '시간에 쫓기지 않는 삶'을 살고 싶다.	돌발적인 사태를 수습하느라 본래 해야 할 일을 뒤로 미룬다.	처음부터 예정에 없던 급한 의뢰는 과감하게 거절할 줄 아는 용기를 기른다.
2. 쉬는 날에는 일을 하지 않고 '정말로' 쉬고 싶다.	쉬는 날까지 일을 한다.	일 전체를 다시 본다. 일 처리 속도를 체크해서 개선할 방법을 생각한다.

● 자신이 중요하게 여기는 일, 지금의 내 모습과 정말 원하는 내 모습

앞에 소개한 것이 워크시트 ⓙ '내가 중요하게 여기는 일'과 ⓚ '지금의 내 모습과 정말 원하는 내 모습'이다. 사실 이 두 가지는 내가 지금까지 가장 많이 썼던 시트다.

어렸을 때 나는 '목표'나 '이상'을 너무 좋아해서 초등학생으로서는 도저히 실행할 수 없을 목표를 써놓고 들여다보는 것만으로도 절반은 실현된 것 같은 기분을 만끽하곤 했다. 그러나 점점 나이를 먹으면서 현실적이지 않은 '목표'는 아무리 많이 만들어도 무의미하다는 생각이 들었고, 지금은 '목표를 달성하지 못하는 이유는 무엇일까?' 그리고 '그것을 실현하기 위해서는 구체적으로 어떤 방법을 취해야 할까?'를 생각하게 되었다.

이런 접근 방식으로 나는 비현실적인 목표를 만들어서 쳐다만 보던 단계에서 실제로 실현할 수 있는 목표를 정해서 구체적인 행동으로 옮기는 단계로 약간 진화(?)했다.

'꿈은 이루어진다'는 말이 있다. 물론 꿈꾸는 대로 스스로를 만들 수 있다면 이상적이다. 하지만 현실적으로 도저히 실현할 수 없는 일도 있다. 그럴 때 '원하는 내 모습'대로 될 수 없는 자신을 한탄하면 오히려 스트레스가 된다. 그럴 때는 차라리 '지금의 내가 하기 쉬운 일'을 생각하는 편이 현실적이다. 큰 목표를 향해서 꾸준히 노력하는 것도 멋진 일이지만 노력하기 쉬운 목표를 설정하는 것 역시 중요하지 않을까? 이것은 결코 '타협'이라는 의미가 아니라 자신을 행복하게 만드는 데 필요한 기술 가운데 하나이다.

몸도 마음도
건강하게

내가 이전에 근무했던 신문사에는 건강을 자랑하는 사람이 많았다. 휴일 출근이나 며칠 동안 이어지는 철야에도 끄떡없었고 끝없는 식욕과 폭음을 잘도 견뎠다. 그래서 저혈압, 어깨 결림, 두통으로 시달리던 나는 늘 그들에게 압도되었다. 그러나 어느 시기부터 그 사람들은 하나 둘 병으로 쓰러졌다. 대부분은 입원을 계기로 생활 스타일을 바꾸었지만 개중에는 어이없이 죽은 사람도 있었다.

나는 그다지 무리하지 않는 타입이기 때문에 철야는 철저하게 피했고, 내 몸을 알고 미리 준비를 하기도 한다. 예를 들면 감기 초기에는 감귤 등으로 비타민C를 적극적으로 섭취하고 목 주위를 따뜻하게 하며 뜨거운 물에 발을 담그는 식이다.

이런 자기 관리 습관이 생기면 자신의 몸이 보내는 신호를 민감하게 알아차릴 수 있기 때문에 큰일을 당하기 전에 손을 쓸 수 있다. 그러나 섣불리 체력에 자신을 가진 사람은 건강을 과신해 버린다. 초인적인 체력이나 기력을 가진 것은 부러운 일이기는 해도 현실적으로 그렇지 않은 사람들은 자기 나름대로 자신의 몸을 지킬 수밖에 없다.

워크시트 ⓛ 건강관리 노트

* 책 끝 부분 161쪽의 기입용지에 써 보자.

나이	연월	깨달은 점, 걸린 병 등
44세	○○년 8월	가까이 있는 물건이 잘 보이지 않는다. 이게 바로 노안인가?
	○○년 9월	흰머리가 늘었다. 뽑았더니 20개 넘게 있었다!
45세	○○년 5월	변형성 슬관절염이 된다. 히알루론 산(hyaluronic acid) 주사로 회복
	○○년 9월	충동적으로 단 음식이 먹고 싶어진다. 3kg이나 쪘다!

* 일반적인 건강진단 항목에 구애받지 말고 알게 된 사실은 아무거나 기입한다.

● **건강관리 노트**

　이때 워크시트 ⓛ '건강관리 노트'가 많은 도움이 된다. 일반적인 건강 진단 항목에 구애받지 말고 '자기 몸의 역사'로 기록하다 보면 통제 범위 내에서 건강관리를 할 수 있다.

　나는 44세가 '몸의 전환점'이었다. 흰머리가 갑자기 늘어난 일과 가까이 있는 물건이 잘 보이지 않게 된(이른바 노안) 사실을 깨달았던 것이다. 그 다음해에는 중년기 이후 여성에게 많이 나타나는 '변형성 슬관절염'(무릎 염증 가운데 하나)도 경험했다. 아마 앞으로도 조금씩 여러 가지 변화가 나타날 것이다. 이런 자기 몸의 기록은 유언 그 자체와는 직접 관계가 없을지 모르지만 '자신을 위한 정보'로 꼭 기록해 두면 좋다.

● **자신을 건강하게 만들어 주는 일**

　또 하나, 기억해야 할 것이 마음의 건강이다. 정신적으로 건강하기 위해서는 일상생활에서 적당히 자신을 '이상하게 만드는' 것도 필요하다.

　인간은 언제나 최고의 컨디션일 수는 없다. 당연히 피곤할 때도 있고 침체되어 있을 때도 있다. 그럴 때 어떻게 해야 회복할 수 있는지, 자신을 다시 일으켜 세워 주는 일을 워크시트 ⓜ '자신을 건강하게 만들어 주는 일'로 정리해서 목록을 만들어 보면 언젠가 '그때'가 왔을 때 신속하게 대응할 수 있다. 그야말로 '유비무환'이다.

　이 목록을 만드는 작업 자체가 매우 재미있다. 자신이 좋아하는 일이나 물건, 가고 싶은 장소를 떠올리면 일상생활에는 뜻밖에 재미있는 일이 많다는 사실을 실감할 수 있다.

일상 생활에서 싫은 일이나 화나는 일이 있는 것은 오히려 당연하다. 하지만 그런 일에 끌려 다니면 늘 우울한 기분으로 지내게 된다. 그보다는 재빨리 그런 기분에서 벗어나 눈앞의 현실과 마주 대하는 편이 훨씬 적극적인 삶을 살 수 있다.

나는 '단시간에 할 수 있는 가벼운 기분 전환' 과 '어느 정도 시간과 돈을 들여 나에게 상을 주는 방법'으로 나누어서 상당히 자세한 목록을 만들었다(일부를 소개한 것이 왼쪽 기입 예). 눈앞에 벌어진 일은 일단 접어 두고 마음 편안하게 있고 싶을 때, 정신적으로 완전히 지쳤을 때 이 목록을 보고 부활의 계기를 찾는 것이다.

워크시트 Ⓜ 자신을 건강하게 만들어 주는 일

*책 끝 부분 162쪽의 기입용지에 써 보자.

● **손쉬운 방법 편**

1. 집 가까운 곳을 산책한다(15~30분, 0원).
2. 냉장고에 있는 재료로 밑반찬을 만든다(15~30분, 있는 재료를 쓰므로 재료비는 0원).
3. 옷을 정리하면서 새로운 스타일을 생각한다(30분, 0원).
4. 차를 타고 바다(경치)와 석양을 바라본다(60분, 차비).
5. 노래방 할인 시간을 이용한다(60분, 노래방 입장료).
6. 공중목욕탕에 간다(60분, 목욕비와 음료수 값).

● 나에게 작은 상을 내리는 방법

1. 아로마테라피 트리트먼트를 받는다(1~3시간, 5만원 정도).

2. 저렴한 패키지 상품을 이용해서 고급 호텔에 묵는다(오후~다음날 정오, 10만원부터).

3. 갑자기 10만원이 하늘에서 떨어졌다고 생각하고 반나절 동안 그 돈을 다 쓴다(3~6시간, 10만원).

4. 여행 회사의 버스투어를 알아보고 가장 마음에 드는 여행 상품에 참가한다(하루, 여행지에 따라 다르지만 5만원~10만원 정도).

5. 가까운 곳으로 외출한다(집에서 1시간 정도 떨어진 곳이므로 왕복 5~6시간 정도, 교통비와 외출해서 쓸 돈).

* ( )안에는 소요 시간과 비용을 쓴다.
* 나는 '가벼운 방법 편' 과 '작은 상을 내리는 편' 으로 나누었지만 특별히 나누지 않아도 상관없다.

3장 정리

1. 갑자기 유언장을 쓰려고 하면 무엇을 써야 할지 모른다. 먼저 '자신에 관한 정보'를 정리하는 일부터 시작하자.
2. '자신에 관한 정보'란 자신이 가지고 있는 자원이나 가치관 등이다. 이것은 워크시트를 사용함으로써 간단히 정리할 수 있다.
3. 워크시트 기입은 자신이 지금까지 살아온 인생을 뒤돌아볼 수 있는 좋은 계기가 된다.

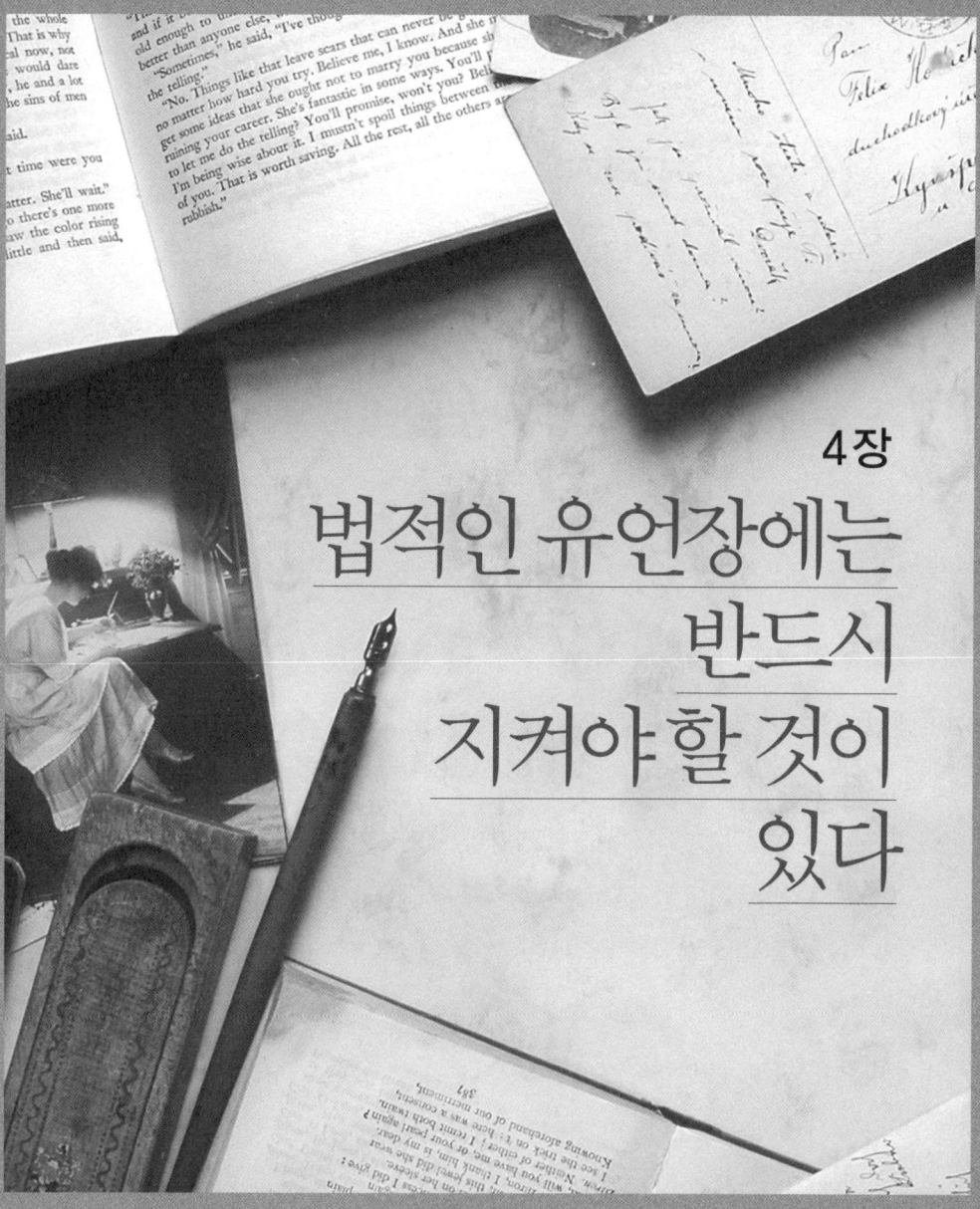

4장
법적인 유언장에는 반드시 지켜야 할 것이 있다

'법적인 유언'과
'자신을 위해서 쓴 유언장'을
혼동하지 말자!

　　　　　　앞에서도 이야기했듯 이 책에서 다루는 유언장은 '법적인 유언'과 '앞으로 남은 인생을 재평가하기 위한' 것 두 가지다. 후자는 어디까지나 자신을 위한 각서이므로 반드시 법적으로 유효한가 아닌가는 묻지 않는다. 형식도 완전히 자유다.

　그러나 '법적인 유언'에는 몇 가지 지켜야 할 사항이 있다. 유언자가 죽은 뒤 법률(민법)에서는 유언자의 뜻이 그대로 실현되도록 유언서(법률적으로는 '유언장'이 아니라 '유언서'나 '유언'이라고 한다)의 효력을 인정한다. 다시 말해 유언에 쓰여 있으면 자신이 죽은 뒤, 가령 유족 중에 반대하는 사람이 있어도 실제로는 실현할 수 있다는 말이다.

　하지만 유언서에 써 두기만 하면 모든 일이 법적인 효력을 가진다는 뜻은 아니다.

먼저 유언은 유언자의 일방적인 의사표시이므로 상대가 되는 사람에게 불이익을 주어서는 안 된다. 또 '형제 사이가 좋다'는 것도 메시지는 될지 모르지만 법적인 구속력은 없으므로 법률상 효력과는 무관하다. 일반적으로는 법적인 효력이 있느냐 아니냐를 구별하기 어렵기 때문에 쓸데없는 혼란을 피하기 위해 민법에서는 유언사항을 정하고 있다.

다음의 제5장(101쪽)에서는 유언의 내용을 다루므로 법적인 유언에 흥미가 있는 분을 위해서 기초를 간단히 소개하기로 한다. 그리고 지금 '자신의 남은 인생을 다시 설계하기 위한 유언장'에만 관심이 있는 분은 이 장은 건너뛰고 제5장으로 바로 가도 좋다. 이 장은 시간이 날 때 예비지식으로 읽으면 된다.

유언장에 써야 할 것,
쓰지 말아야 할 것

　　　　　　　　　　법적으로 유효한 유언이든 나를 위해서 쓰는 유언장이든 원칙적으로 '쓰는 것이 금지된 항목'은 없다. 그러나 제약이 없다고 '아무거나 써도 된다'는 뜻은 아니다. 구체적으로는 다음과 같은 내용은 피한다.

● **제3자를 비난하고 중상하는 내용**

　실명을 들어서 누군가를 비판하거나 자신의 불쾌한 경험을 쓰는 것은 설령 그것이 사실이라고 해도 피해야 한다. 그래도 꼭 기록해 두고 싶은 일이 있다면 감정을 실어서 기술하지 말고 객관적인 사실만 써서 남기는 것은 허용하며, 그것을 유언장에 넣어야 하는가 아닌가는 어디까지나 개인의 판단에 따른다.

● 뜻을 알 수 없는 내용

유언장은 기본적으로 '제3자가 읽는' 것을 전제로 쓴다. 따라서 뜻을 이해할 수 없는 내용을 쓰면 자신만 이해할 뿐, 결과적으로 아무도 이해하지 못한다. 자신의 생각을 쓰는 것은 자유지만 너무 독선적으로 쓰면 본인조차 나중에 읽어 보고 뜻을 모를 수도 있다.

● 미풍양속에 반하는 내용

'미풍양속에 반한다'는 말은 일반 사회 통념에서 생각할 때 허용 범위를 벗어난 것을 뜻한다. 가령 법률상 남편이 있는 여성이 유언에서 '내 유산은 교제 중인 애인에게 모두 남긴다. 나를 차갑게 대한 남편에게는 땡전 한푼도 남기지 않는다'고 써도 남편은 법정상속인이기 때문에 유산을 상속할 권리는 여전히 남는다(유언에 따라 애인에게 재산을 남길 수는 있지만 남편이나 자식 같은 법정 상속인이 있는 경우 '애인에게 모든 재산을 남긴다'는 것은 사실상 곤란하다. 법정 상속인 전원이 상속을 포기하면 몰라도). 다시 말해 이와 같은 유언장은 아무리 정성껏 써도 실행되지 않을 가능성이 높다.

● 평소의 언행과 다른 내용

생전에 '내 재산은 모두 ○○에게 주겠다'고 말하던 사람이 유언장에서는 '유산은 다음과 같이 분할하라'며 몇 명의 이름을 열거했다면 이것은 문제의 발단이 된다. 또 '내 시신을 기증할 생각'이라고 말하던 사람이 유언장에서는 '시신 기증은 절대로 하지 않을 것'이라고 썼다면 남은 사람들은 '어쩌란 말이야?'라고 생각한다. 유언장은 어디까지나 '생전의 언행을 뒷받침하는 것'이어야 한다. 유언장을 개봉하고 나서 평소에 말하던 것과 완전히 다르다면 남은 사람이 당황스러울 뿐만 아니라 유언자의 인격까지 의심할지 모른다.

한편, 민법으로 정한 유언 사항을 지켜서 유효한 유언서를 써 두면, 가령 가까운 사람 중에 누군가가 반대해도 거기에 쓰여 있는 내용을 실현할 수 있다. 살아 있을 때 유언자 자신의 힘으로 통과시킬 수 있는 의견을 유언자가 죽은 뒤에는 법률이 대신 실현해 준다는 뜻이다.

법적인 유언에서 효력이 있는 유언 내용 가운데 주요 내용은 다음과 같다.

재산상속과 관련된 것
- 상속분 지정, 지정 위탁 … 민법으로 정한 법정상속분과 다른 상속을 희망하는 경우 구체적으로 지정하거나 지정을 제3자에게 위탁할 수 있다.
- 유산분할방법 지정, 지정 위탁 … 현금, 부동산 등의 재산에 대해서 어느 것을 누구에게 상속할 것인지를 지정하거나 지정을 제3자에게 위탁할 수 있다.
- 유증(遺贈) … 주로 법정상속인이 아닌 사람에게 재산을 증여할 수 있다.
- 재단법인설립의 기부행위 … 재단법인을 설립하기 위해 재산을 제공할 수 있다.
- 위탁 설정 … 위탁할 수 있는 기관(은행 등)을 지정하고 거기에 재산을 맡겨서 관리, 운용하게 할 수 있다.

신분에 관한 것
- 추정상속인의 폐제(廢除)와 그 취소 … 상속인으로 예정되어 있는 추정상속인을 상속인에서 폐제하거나 폐제 취소를 할 수 있다.
- 자식 인지 … 혼외의 자(결혼 외로 태어난 자식)를 인지할 수 있다.
- 후견인, 후견감독인 지정 … 그 밖에 친권자가 없는 미성년자에 관해서는 후견인이나 후견감독인을 지정할 수 있다.

기타
- 제사승계자 지정 … 선조의 제사를 맡을 사람을 지정할 수 있다.
- 유언집행자 지정, 위탁 … 유언 내용을 실행시키기 위한 유언집행인을 지정하거나 지정을 제3자에게 위탁할 수 있다.

이와 같이 열거하면 '나는 재산이 거의 없으니까 상관없다'고 생각하는 사람도 있을지 모른다. 그러나 여기에 든 법적 효력이 있는 내용은 이것을 유언에 담으면 '효력이 있다'는 것이지 유언을 쓸 때 '반드시 넣어야 한다'는 뜻은 아니다.

법적인 유언의
종류와 특징

유언장은 본래 유언자가 자신의 의사로 원할 때 쓰는 것이다. 이것을 '유언의 보통방식'이라고 한다. 이에 반해 위독한 상태이거나 선박이 조난당한 경우처럼 긴급한 사태에 갑자기 작성한 것을 '구수증언의 유언'이라고 하는데 이 책에서는 직접 관계가 없으므로 다루지 않는다(우리나라 민법에서 인정하는 유언으로는 자필증서, 녹음, 공정증서, 비밀증서, 구수증서의 5가지 방식이 있다 - 편집자 주).

한편, 보통방식 유언에는 다음과 같이 세 가지 양식이 있다.

● **자필증서유언**

스스로 언제나 손쉽게 작성할 수 있는 유언장(유언서)이다. 기본적으로는 무엇을 써도 상관없다(단, 법률적으로 유효한가는 별도로 하고). 따라서 내용에는 유산상속 등과 관계없고 단순한 '이별 메시지'를 더해도 좋다.

조건으로서는 다음의 네 가지를 만족해야 한다.

1. 전문 자필일 것 - 컴퓨터나 녹음 테이프, 비디오 등을 사용한 경우는 무효.
2. 날짜가 기재되어 있을 것 - 연월일 외에 '만○세 생일날에' 라는 형식도 유효하다.
3. 유언자의 이름과 주소를 쓸 것 - 호적 이름 외에 본인을 특정할 수 있는 예명이나 통칭도 유효하다.
4. 도장이 찍혀 있을 것 - 인감이 아니어도 상관없다.

또, 나중에 내용을 고칠 때는 말미에 변경한 곳을 표시하고, 이것을 변경한 것을 부기(附記)하며 서명, 그 위에 변경한 곳에는 도장을 찍어야 한다. 또, 자필증서유언인 경우 봉투에 넣어서 봉인할 필요는 없다. 그러나 손쉽게 작성할 수 있는 자필증서유언에도 다음과 같은 문제점이 있다.

1. 분실(은닉도 포함)할 가능성 - 보관 장소가 분명하지 않으면 유언장(유언서) 자체를 찾지 못할 수도 있다. 또 보관 장소를 제3자가 알고 일부러 숨길 경우도 있다.
2. 무효가 될 가능성 - 본인이 독단으로 만들었기 때문에 법적으로 무효한 방식일 때도 있다.

3. 검인을 받을 필요성 - 유언자의 의사가 실행되기 위해서는 법적으로 유효한 유언장(유언서)을 유언자가 죽은 뒤 가정법원에 제출해서 유언 검인이라는 절차를 거쳐야 한다.

조건만 만족시키면 쓰는 데 특별히 정해진 서식은 없지만 극히 일반적인 예는 다음과 같다.

예문 ⓑ 자필증서유언의 예

유언서

내가 죽은 뒤에 처리해야 할 일을 몇 가지 적어 둔다. 재산은 반드시 이 유언에 따라 주기를 바라지만, 장례 화환은 어디까지나 희망사항이므로 그때 상황을 보고 적당히 판단해도 좋다.

1. 상속은 다음과 같이 한다.
제1조 유언자 야마다 하나코는 장녀 야마다 가츠코(19○○년 ○월 ○일 출생)에게 다음의 부동산을 상속하게 한다.
1) 토지
   (이하, 지번 등 구체적인 내용이 등기부등본상 표기대로 이어지지만 여기에서는 생략)
2) 건물
   (이하, 소재지 등 구체적인 내용이 등기부등본상 표기대로 이어지지만 여기에서는 생략)

제2조 유언자는 차녀 야마다 유코(19○○년 ○월 ○일생)와 삼녀 야마다 마사코에게 다음의 재산을 균등하게 상속하게 한다.

1) 구분소유건물 및 대지권
   (이하, 건물 표시 등 구체적인 내용이 등기부등본대로 표기되지만 여기에서는 생략)
2) 저축금
   ○○은행 ○○지점의 유언자 명의의 보통예금, 정기예금 기타 모든 예금(계좌번호)
3) 유가증권
   ××증권 주식회사 ××지점에 보호예탁 중인 유언자 명의의 유가증권 전부(계좌번호)

2. 내 장례식은 가능한 간소하게 하기 바란다. 종교색은 없었으면 좋겠다. 향이나 독경 등은 필요 없고 헌화만으로 충분하다. 꽃은 가능한 흐린 분홍 카네이션으로 해 주길.

3. 내 유골은 이미 구입해 놓은 ○○ 묘에 넣어 줄 것.

이상 간단하지만 잘 부탁한다.

20○○년 ○월 ○일

유언자 야마다 하나코 (인)

● **비밀증서유언**

유언의 내용을 아무에게도 알리고 싶지 않을 때 선택하는 양식이다. 이때 작성한 뒤에 공증인(법무부장관이 임명한 공무원으로 공증서를 작성할 수 있는 사람)과 증인(스스로 자유롭게 결정할 수 있지만 뒤에 나오는 자필증서유언서와 마찬가지로 미성년자 등은 안 된다)에게 증명을 받아야 유효하다. 조건으로서는 다음 네 가지를 만족해야 한다.

1. 서명, 날인할 것 - 유언 그 자체는 컴퓨터나 제3자가 대필해도 유효하지만 반드시 본인이 서명할 것. 도장은 인감이 아니어도 된다. 녹음 테이프나 비디오를 사용한 경우는 무효.
2. 봉인되어 있을 것 - 유언장(유언서)을 봉투에 넣어서 유언장(유언서)에 날인한 것과 같은 도장으로 봉인한다. 다른 도장을 사용한 경우는 무효.
3. 자신의 유언이라는 사실을 말할 것 - 유언자는 증인 2명 이상 앞으로 봉인한 유언장(유언서)을 제출하고, 그것이 자신의 유언이라는 사실을 말한다. 제3자가 대신 쓴 경우는 필기한 사람의 이름과 주소를 이야기한다.
4. 전원 서명, 날인할 것 - 공증인이 봉서에 라벨을 붙이고 거기에 유언을 제출한 날짜를 기재한다. 유언자, 증인 모두 서명하고 날인한다. 보통은 유언장(유언서)을 좀더 큰 봉투에 넣어서 봉서를 붙이고 연월일을 쓰고 서명, 날인하는 경우가 많다. 전항의 방식으로 작성한 유언 봉서는 그 표면에 기재된 날로부터 5일 내에 공증인 또는 법원서기에게 제출하여 그 봉인상에 확정 일자 인을 받아야 한다.

비밀증서유언인 경우 자필증서유언에 비해 제3자가 내용을 고칠 가능성은 거의 없지만 다음과 같은 문제점이 있다.

1. 분실(은닉도 포함)할 가능성 - 유언 보관은 유언자의 책임이므로 보관 장소를 정확히 제3자에게 알려 주지 않으면 유언장(유언서) 그 자체를 발견하지 못할 수도 있다. 또, 보관장소를 제3자가 알고 일부러 숨길 수도 있다.
2. 무효가 될 가능성 - 미리 쓴 서식의 네 가지 조건 가운데 어느 하나가 빠져도 무효가 된다.
3. 검인을 받을 필요성 - 자필증서유언과 마찬가지로 유언자가 죽은 뒤에 가정법원의 검인을 받아야 한다.

또 봉서에 쓴 문장의 예는 다음과 같다.

예문 ⓒ 비밀증서유언의 예

유언자 야마다 하나코는 증인 사토 나오코, 다나카 타로 앞으로 이 봉서를 제출하고 본인의 유언서라는 이야기를 했다.

20××년 ○월 ○일　　　　　　　　　　　　　　　　○○공증서에서
　　　　　　　　　　　　　　　　　○○법무국소속 공증인 ○○○ (인)
서울시 ○○구 ○○동 ○○○-○번지　　　　　유언자 야마다 하나코 (인)

위의 본 공증인은 면식이 없으므로 인감증명서를 제출해서 다른 사람이 아니라는 점을 증명하게 했다.

서울시 △△구 △△동 △△△-△△번지　　　　　　증인 사토 나오코 (인)
서울시 △△구 △△동 △△△-△번지　　　　　　　증인 다나카 타로 (인)

● 공정증서유언

공정증서는 공증인이 작성하는 공문서다. 원본은 20년 동안, 아니면 유언자가 100살이 되기까지의 기간 중 긴 쪽으로 공증소에 보관된다. 이때 원본이 공증소에 보관되므로 함부로 내용을 고치거나 분실할 염려도 없다. 유언으로서는 세 가지 양식 가운데 가장 안전하고 확실하다고 할 수 있다.

그러나 공문서를 작성하기 위해서는 그 나름의 수고와 비용이 들며 다음의 네 가지 조건을 만족해야 한다.

1. 공증인 앞에서 유언할 것 - 유언자는 자신이 선택한 증인 두 명 이상을 입회인으로 해서 공증인 앞에서 유언한다(병으로 공증사무소에 갈 수 없을 때는 공증인에게 출장 오게 할 수도 있다). 공증인은 유언자가 구두로 이야기한 내용을 필기하고, 유언자와 증인에게 읽어 준다. 그 다음 유언자와 증인은 필기내용이 정확한지 확인하고, 서명, 날인한다. 도장은 인감이어야 한다.

2. **공증인이 서명, 날인할 것** – 공증인은 유언이 위와 같은 경위로 만들어졌다는 것을 적고 서명, 날인한다.
3. **관계자가 증인이어서는 안 된다** – 유언자는 두 명 이상의 증인을 세워야 하지만 미성년자, 상속인으로 예정된 사람, 유언으로 재산을 물려받을 사람 등 이해관계가 얽힌 자와 그 배우자, 직계가족, 공증인의 배우자, 사촌 내의 가족, 공증사무소 서기나 직원은 증인이 될 수 없다.
4. **수수료를 낼 것** – 공정증서유언을 작성하려면 공증인 수수료가 든다. 금액은 유산 액과 상속인 수에 따라 달라진다.

공정증서유언의 경우 공증인이 유언의 존재를 확인해 주기 때문에 자필증서유언이나 비밀증서유언에서 필요한 '가정법원 검인'은 하지 않아도 된다. 공정증서유언은 직접 쓰는 것이 아니라 구두로 이야기한 내용을 공증인이 필기하는 형식이지만 공증인에게는 비밀을 지킬 의무가 있으므로 내용은 비밀로 지켜진다.

또, 공증인 앞에서 말하는 형태로 유언서를 작성하므로 내용은 어디까지나 반드시 유언해야 하는 것으로 한정된다. 일반적으로는 다음과 같다.

예문 ⓓ 공정증서유언의 예

20××년 제 ○○○호

유언공정증서

본 공증인은 유언자 야마다 하나코의 촉탁으로 20××년 ○월 ○일, 본 사무소에서 증인 사토 나오코, 증인 다나카 타로 입회 하에 다음과 같이 유언자의 유언을 필기하여 증서를 작성한다.

유언자 야마다 하나코는 다음과 같이 유언한다.
1. 유언자 야마다 하나코의 장녀 야마다 가츠코에게 유언자의 전 재산을 상속하게 한다.
2. 본 유언의 유언집행자로서 다음의 사람을 지정한다.

   주소 : ○○시 ○○구 ○○동 ○○번지

   변호사 ○○○

   주소 : ○○시 ○○구 ○○동 ○○번지

   직업 : 자유업

   유언자 야마다 하나코(19××년 ○월 ○일생)

위는 인감증명서를 제출함으로써 같은 사람임을 증명했다.

   주소 : ○○시 ○○구 ○○동 ○○번지

   직업 : 회사 임원

   증인 사토 나오코(19××년 ○월 ○일생)

   주소 : ○○시 ○○구 ○○동 ○○번지

   직업 : 대학 직원

증인 다나카 타로(田中太郎) (19××년 ○월 ○일)

위 유언자와 증인에게 들은 바 각 자필이 정확하다는 점을 승인하고 아래에 서명 날인한다.

　유언자　야마다 하나코 (인)
　증인　　사토 나오코 (인)
　증인　　다나카 타로 (인)

이 증서는 민법 제 1068조에 따라 작성하고 다음과 같이 서명 날인한다.

　　　　　　　　　　　　　　20××년 ○월 ○일 본 사무소에서
　　　　　　○○시 ○○구 ○○동 ○○번지 ○○지방법무국소속　공증인 ○○○ (인)

시작은
자필증서유언부터

　이렇게 해서 세 가지 양식을 비교해 보면 모두 장단점이 있다는 사실을 알 수 있다. 법적인 효력은 공정증서유언이 가장 확실하지만 가장 쉽게 쓸 수 있는 것은 자필증서유언이다. 시간과 비용 면을 종합적으로 생각해 볼 때 먼저 시작은 자필증서유언부터 써 보자.
　이때 문제가 되는 것이 '어디에 보관하는가?' 하는 점인데 확실히 보관할 곳이 있으면 집이어도 상관없고, 신뢰할 수 있는 친구나 은행에서 대여하는 금고 등도 생각할 수 있다.

4장 정리

1. 법적으로 유효한 유언은 일정한 형식에 따라 작성해야 한다.
2. 원할 때 쓸 수 있는 보통방식 유언에는 자필증서유언, 비밀증서유언, 공정증서유언 세 가지 양식이 있다.
3. 법적인 유언을 작성할 때는 우선 '자필증서유언'을 권한다.

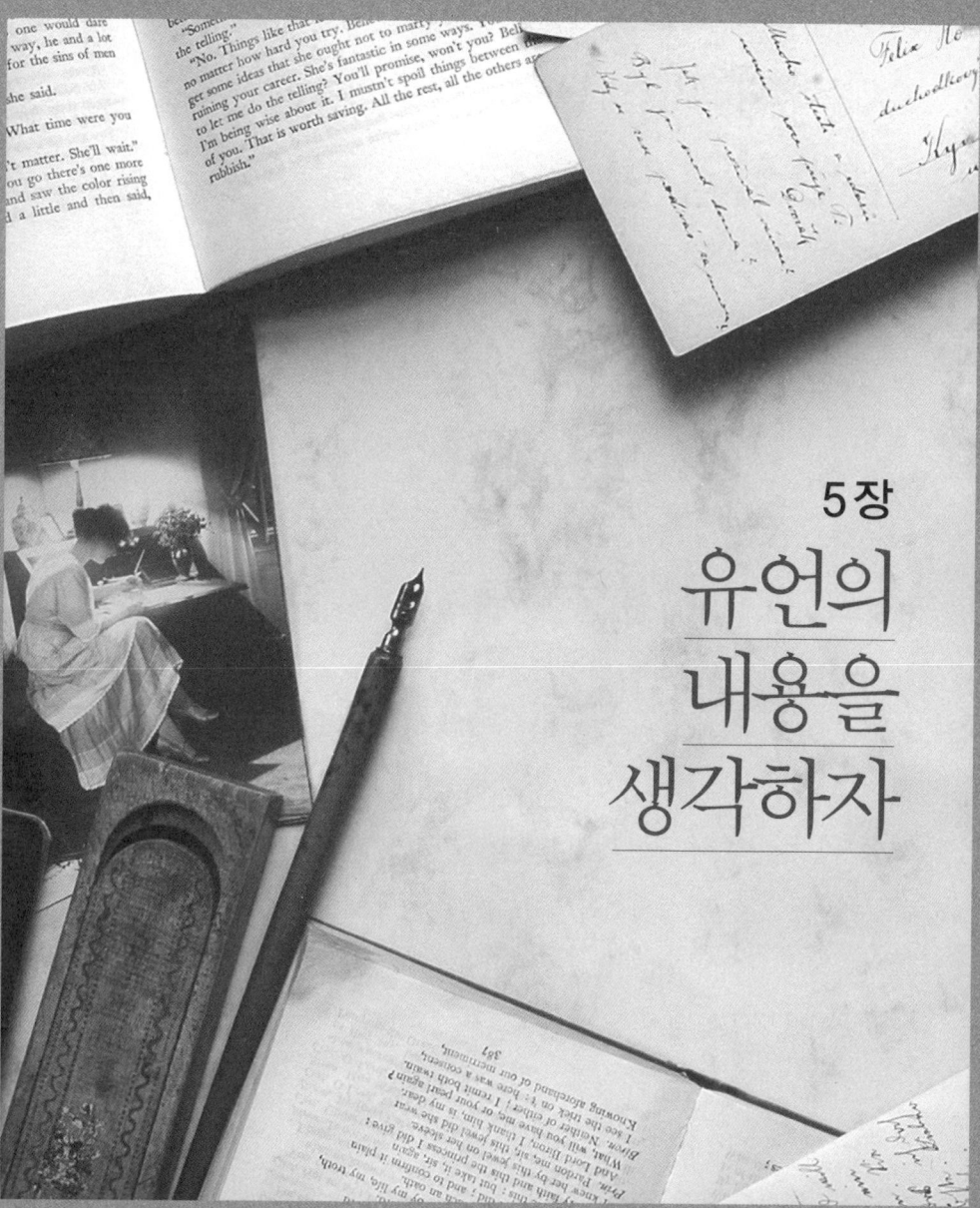

5장
유언의
내용을
생각하자

'자신에 관한 정보'는
유언장의 한 부분

제3장에서 실제로 워크시트에 기입해 봄으로써 '자신에 관한 정보'를 상당히 알았을 것이라고 생각한다. 이것이 유언장의 기본적인 '부분'이 된다. 이 장에서는 이 부분을 활용해서 유언장을 작성해 보자.

앞서 이야기했듯이 이 책에서 생각하는 유언장은 '자신이 살아 있는 동안에 사용할 정보', '자신이 죽은 뒤에 실무상 필요한 정보', '남은 사람에게 보내는 메시지', 이렇게 3부로 구성해서 생각할 수 있다.

구체적인 항목을 다시 한 번 들어보자.

제1부 ⋯ 자신이 살아 있는 동안에 사용할 정보
 · 자신에게 중요한 사람 명단
 · 재산 목록

- 인생의 중장기계획
- 목표나 좌우명
- 건강 기록
- 자신만의 전화번호부

제2부 … 자신이 죽은 뒤에 실무상 필요한 정보
- 법적인 유언이 있다면 어디에 보관했는가
- 죽음을 알리고 싶은 사람과 기관 연락처, 알리고 싶지 않은 사람 명단
- 사무 절차가 필요한 일의 목록
- 시신 기증과 장기 제공을 할 경우 연락할 곳
- 장례식을 할 것인가, 장례식을 할 경우 어떤 식으로 할 것인가
- 사망 광고를 낼 경우, 그 매체와 내용

제3부 … 남은 사람에게 보내는 메시지
- 일반적인 이별 메시지
- 상대를 특별히 정한 이별 메시지
- (만일 있다면) 법적인 유언

이 가운데 제1부 '자신이 살아 있는 동안에 사용할 정보' 외에는 제3자에게 쓰는 것이 전제가 되는데, 그래도 각 항목마다 생각해 보는 것은 자신에 대한 물음이 될 것이다. 예를 들면 '죽음을 알리고 싶은 사람, 알리

고 싶지 않은 사람'을 생각할 때는 자기 주변의 인간관계를 생각하게 되고, '장례식을 할 것인가, 한다면 어떤 식으로 할 것인가?'에는 자신의 가치관이 전적으로 반영된다.

한편, 앞으로는 각 항목의 내용을 검토하자. 아직 생각하지 못한 항목이 있다면 그것은 다음으로 미뤄도 괜찮다. 우선 여기에서는 무엇이 정해졌는지, 없는 것은 무엇인지를 분명히 해서 '지금의 내 모습'이 어떤지 윤곽을 확실히 그리는 것이 중요하다.

제1부
'자신이 살아 있는 동안에 사용할 정보'를 **생각한다**

이 항목에서는 제3장에서 소개한 워크시트가 큰 활약을 한다. 이것들은 어디까지나 살아 있는 '자신을 위한' 것이지 남은 사람을 위한 것이 아니다. 자신이 살아 있는 동안에 제3자가 보면 '너무나 생기 넘쳐서 기가 죽는다'고 느낄 만한 내용도 있을지 모르지만 자신이 이 세상을 떠난 뒤라면 설령 다른 사람의 눈에 띈다 해도 문제가 되지 않을 것이다. 원래 다른 사람의 개인적 정보는 제3자에게 상관없는 경우가 많기 때문이다.

만일 '나에 관한 정보를 알리고 싶지 않다'고 생각한다면 그다지 눈에 띄지 않는 곳에 보존하면(구체적으로는 비슷한 색이나 모양의 것과 함께 보관해 두면 좋다) 아마 유품 속에 뒤섞여서 처분될 것이다. 그래도 누군가의 눈에 띈다면 그것은 그때의 일이다. 지금부터 걱정할 필요는 없다.

그러나 이런 종류의 정보를 '다른 사람이 보는 것이 싫어서'라는 이유로 글로 써 두지 않으면 잊어버리거나 정확하게 기억나지 않는다. 어쨌든 자신의 생각과 숫자는 착각하기 쉽다. 역시 자신을 위해서도 정확히 기록해 두는 것이 좋다.

● 자신에게 중요한 사람 목록

이것은 워크시트 Ⓕ '인맥 그림표', Ⓖ '신세를 진 사람 목록'을 이용해서 만든다. 자신에게 중요한 사람을 다시 의식할 기회는 좀처럼 없는데, 이때 '나에게 정말로 소중한 사람은 누구인지' 곰곰이 생각하고 한 사람 한 사람 이름을 써 두자. 물론 특별히 덧붙일 사람이 없다면 '인맥 그림표', '신세를 진 사람 목록'을 그대로 활용해도 상관없다. 남에게 도움을 받거나 신세 진 일은 기록으로 남겨 두지 않으면 완전히 잊어버리기 쉽다. 이렇게 해서 '소중한 사람'을 손꼽아 보면 감사하는 마음이 싹 트고 다음은 내가 은혜를 갚겠다는 마음이 싹튼다.

> **자신에게 소중한 사람 목록** 워크시트 Ⓕ '인맥 그림표', Ⓖ '신세를 진 사람 목록'을 바탕으로 만든다.

● 재산 목록

은행 계좌는 무슨 일이 있을 때 질문을 받는 경우가 많은데, 그때마다 알아보려고 하면 번거롭다. 그럴 때 워크시트 Ⓗ 2에서 만든 '계좌 목록'이 큰 활약을 한다. 금융기관이나 지점명, 계좌 번호 일람표로 되어 있어서 편리하다. 또 부동산은 워크시트 Ⓗ 1의 '재산 목록'에 대출금 잔액뿐만 아니라 빈곳에 중도 상환할 예정이거나 실행 기록, 모두 상환할 예정일 등을 써 두어도 좋다.

어쨌든 이런 자료를 늘 가까운 곳에 두면 자신의 자산을 대략적으로나마 파악할 수 있다.

> **재산 목록** 워크시트 Ⓗ 1 '재산 목록'과 2 '계좌 목록'을 그대로 사용.

● 인생의 중장기 계획

이것은 바로 워크시트 Ⓔ '인생의 장기계획', '인생의 중기계획'이다. 가까운 곳에 놓고 자주 보면 내 앞에 있는 시간은 아주 새로운 시간이 아니라 이미 '예약한 상태'라는 것을 실감할 수 있다.

또 워크시트 Ⓒ '나의 역사 연표'와 Ⓓ '나의 미래 연표'도 함께 보면 꿈을 실현하는 것도 쉬울 것이다.

> **인생의 중장기계획** 워크시트 Ⓔ '인생의 장기계획', '인생의 중기계획'을 그대로 사용. 워크시트 Ⓒ '나의 역사 연표', Ⓓ '나의 미래 연표'도 참고하기 위해 함께 취해 둔다.

● 목표와 좌우명

'계획'이라는 형태가 아니어도 '이런 내가 되고 싶다' 든가 '나의 좌우명' 같은 것도 함께 기록해 두면 사기를 높이는 효과가 있다. '되고 싶은 자신'에 너무 얽매인 나머지 '지금의 나와 차이가 너무 크다' 고 낙담하면 의미가 없지만, 자신의 방향을 가리켜 주는 '나침반' 이나 '북극성' 정도로 생각하면 좋을 것이다.

이때 워크시트 Ⓙ '자신이 중요하게 여기는 일', Ⓚ '지금의 내 모습과 정말로 원하는 내 모습'을 생각해 보면 떠오르는 것이 있지 않을까? 항목 수는 너무 욕심 내지 말고 2~3항목이 적당하다.

내가 막 독립했을 때는 '처음 3년 동안은 어떤 의뢰든 거절하지 않는다!' 를 좌우명으로 삼고 새로운 거래처(출판사)와도 적극적으로 일했고, 지금은 '날마다 삶에서 사소한 것도 소중히 여긴다' 를 좌우명으로 바빠도 대충 국을 끓이지 않고 차도 정성껏 낸다.

> **목표나 좌우명** 워크시트 Ⓙ '내가 중요하게 여기는 일', Ⓚ '지금의 내 모습과 정말로 원하는 내 모습'을 참고로 2~3가지 항목을 생각해 본다.

● 건강 기록

근무지에서 정기적으로 건강진단을 받는 사람은 그 결과를 파일로 정리해 두면 좋다.

그러나 건강검진 항목 이외에도 스스로 느끼는 신체상의 변화가 있다면 그것을 기입하면 자기 자신을 깨닫는 데도 도움이 되고 나아가 진료를 받을 때도 도움이 된다. 워크시트 Ⓛ '건강관리 노트'에 수시로 써 두자.

> **건강 기록** 워크시트 Ⓛ '건강관리 노트'를 그대로 사용한다. 있으면 건강진단 결과도 함께 정리해 둔다.

● 자신만의 전화번호부

이것은 자신만의 문의처 목록이다. 여기에 써넣는 내용은 사람마다 다른데, 가령 자주 다니는 병원이나 평소에 이용하는 통신판매, 자주 주문하는 가게를 목록으로 만들어 두자. 뿔뿔이 흩어져 있던 정보를 이렇게 일람표로 정리해 두면 매우 편리하고 급한 일이 있을 때도 당황하지 않는다. 항목은 전화번호뿐만 아니라 필요에 따라 영업시간 등도 기입한다.

자신만의 전화번호부 자주 다니는 병원이나 자주 이용하는 통신판매 회사 등의 연락처(전화번호부)를 비롯해 요령껏 필요한 정보를 일람표로 정리해 둔다.

제2부
'자신이 죽은 뒤에 실무상 필요한 정보'를 생각한다

업무상 필요한 정보란 자신이 죽은 뒤, 사무처리를 할 때 필요한 정보다. 갑자기 등장한 '사후 사무처리'라는 말에 아무런 느낌이 오지 않는 사람도 있을 것이다. 그럴 때는 '오랫동안 집을 비울 때 집을 봐줄 사람을 위해서 써 둔다'고 생각해 보면 어떨까? 이 세상을 떠난다는 것도 생각하기에 따라서는 긴 여행을 떠나는 것과 같다. 예를 들면 휴대전화도 안 되는 무인도로 여행을 간다면 그 전에 내가 없어도 다른 사람이 곤란하지 않도록 물건이 있는 곳이나 사무처리 순서, 연락처 등을 정리해 두지 않을까? 그런 감각으로 쓰기 시작하면 뜻밖에도 쉽게 정보 목록을 만들 수 있다.

● **법적인 유언이 있다면 어디에 보관했는가**

　법적으로 유효한 유언을 써도 남은 사람이 그 소재를 모른다면 내용은 영원히 실현될 수 없다. 법적인 유언을 누군가에게 맡기는 경우 유언자가 죽었을 때 그 소식이 유언장 보관자에게 금방 전해지는 것이 중요하다.

　보통 유언장을 보관하는 사람 중에 변호사가 가장 많은데 가끔 '유언서를 쓴 사람이 아직 살아 있는지 몰라서 고민' 한다는 이야기를 한다. 변호사 쪽에서 유언을 한 사람에게 정기적으로 연락을 해서 '아직 살아 계십니까?' 라고 확인할 수도 없는 일이다. 변호사나 공증사무소 담당자나 모두 유언자의 사망을 자동적으로 알 수 있는 처지가 아니기 때문이다.

　그러므로 평소에 유언자는 자신이 죽었을 때 어디로 연락해야 좋을지 주위 사람들에게 말해 두어야 한다. 구체적으로는 눈에 띄는 곳에 긴급연락처를 써 두거나 다음 항목인 '죽음을 알리고 싶은 사람' 목록에 '유언보관소' 라고 명기해 두어도 좋다.

　법적인 유언 보관처로 은행의 유언신탁을 이용하는 것도 한 가지 방법이다. 신탁은행에 의뢰하면 유언 작성, 유언 보관, 관리에서부터 유언집행인(=실제로 유언의 내용을 실행하는 사람)으로서 재산정리까지 행해 준다.

　나는 지금까지 은행의 금고대여(연간 대여료 1만원~최고 30만원 선)를 이용했지만 요즘은 신탁은행을 이용하려고 한다. 그러나 이때도 '어떤 신탁은행에 보관했는지' 유언을 남긴 사람에게 알려 주어야 한다.

> 법적인 유언 보관처 — 보관장소를 검토해서 유언장 등에 연락처를 기재해 둔다.

● **죽음을 알리고 싶은 사람과 기관의 연락처,
  전하고 싶지 않은 사람 목록**

'죽음을 알리고 싶은 사람과 기관'은 유언을 받은 사람의 수고를 생각하면 일일이 모두에게 연락하라고 하기보다는 그룹별로 중심 인물을 정해 두고, 그 사람이 다른 사람에게 연락하는 형태를 취하는 편이 능률적이다. 구체적으로는 '회사관계', '학교관계', '취미 서클 관계' 등으로 나누어서 중요도가 높은 사람부터 순서대로 목록으로 만들어 두면 좋다. 목록에 쓰는 인원은 사람마다 다르지만 보통은 각 장르별로 10명 정도를 생각하면 좋지 않을까?

물론 제1부에서 준비한 '자신에게 소중한 사람 목록'을 그대로 활용해도 상관없고 동창명부 등에 표시만 해 두어도 상관없다.

한편, '전하고 싶지 않은 사람'은 그 사람과의 관계를 간단히 적어 두면 유언을 받은 사람도 이해하기 쉬울 것이다. 물론 이 목록에 오른 사람에게도 다른 루트로 연락이 갈 수 있지만 '이쪽에서 일부러 연락할 필요는 없다'는 의미를 담아서 목록을 만든다.

> 죽음을 알리고 싶은 사람과 기관의 연락처, 전하고 싶지 않은 사람의 목록 — 전하고 싶은 사람은 관계별로 정리해 두면 편하다. 전하고 싶지 않은 사람은 이유와 함께 기재해 둔다.

● **사무절차가 필요한 일의 목록**

중요한 전화번호 같은 목록이다. 이것은 지금 만들어 두면 바로 연락처 목록으로 이용할 수 있어서 편리하다. 구체적으로는 다음과 같은 내용을 적는다.

1. 건강보험, 사회보험 관련 연락처 - 가입 정지나 보험금 수급을 위해
2. 생명보험 연락처 - 부금 자동이체 정지나 보험금 수금을 위해
3. 신용카드회사 연락처 - 해약을 위해
4. 대출 받은 곳 연락처 - 대출이나 장학금 변제 등
5. 그 밖에 정기구독하고 있는 출판물, 헬스클럽, 공공요금 등의 연락처 - 대금이나 회비가 자동이체 되고 있다면 그 정지를 위해

또, 은행이나 우체국 계좌는 사후 동결되므로(해약은 상속관계 서류 제출로 가능) 연락을 해야 한다. 워크시트 ⓗ 2 '계좌목록'에 있는 금융기관에 관해서 연락처를 써 두든지 '계좌 목록' 여백에 메모해 두면 좋다.

> 시신 기증이나 장기제공을 할 때의 연락처 — 연락처와 절차를 써
> 둔다. 동의서 소재도 잊지 말고 적어 둔다.

● **시신 기증과 장기제공을 할 경우의 연락처**

신신 기증과 장기를 제공할 의사가 있는 사람은 연락처와 절차를 간단히 적어 둔다. 또 동의서 등이 있다면 그 소재도 써 둔다. 가장 알기 쉬운 방법은 유언장과 함께 보관하는 것이다.

또, 주요 문의처를 권말정보(145쪽)에 담았으므로 참고한다.

● **장례식을 할 것인지 의사표시와 장례식을 할 경우의 스타일**

장례식에 관해 특별히 아무 것도 쓰지 않으면 아마 보통 '장례식'으로 할 것이다. 그러나 그것이 싫다면 구체적인 의사표시를 해야 한다.

만일 장례를 치르고 싶지 않다면 '왜 하고 싶지 않은지' 이유와 그 대신 어떻게 할 것인지 대안(요즘은 호텔 연회장을 이용해서 '이별 모임'을 여는 일도 있고 엽서로 인사장을 보내는 방법도 있다)을 써 두면 좋다. 또 특별한 형태로 장례식을 치르기 바란다면 내용을 상세하게 기록해 두어야 한다. 내가 아는 사람 중에 이런 희망을 말했던 사람이 있었다.

"종교가 없으니까 장례식은 헌화만 하고 싶다. 꽃은 가능하면 하얀색 국화는 빼고. 음악은 모차르트의 레퀴엠으로 하고 장소나 그 밖의 다른

것은 그때의 상황에 맞게 해 달라."
 이것들은 워크시트 Ⓑ '자신의 장례식은 어떻게 할 것인가?'를 그대로 활용할 수 있다. 만일 생전부터 이용하고 싶은 장의사가 있다면 그 연락처도 여백에 써 두면 좋다.

> 장례식을 할 것인지 의사표시와 장례식을 할 경우의 형태 — 워크시트 Ⓑ '자신의 장례식은 어떻게 할까?'를 그대로 사용한다.

● 사망 광고를 낼 경우, 그 매체와 문안

 생전에 사회적인 활동을 하던 사람은 아는 사람도 많으므로 모두에게 일일이 연락하기는 어렵다. 어느 정도 유명한 사람이라면 신문의 부고란에 실리지만 그렇지 않은 경우도 있다. 이럴 때 신문 광고를 내게 된다. 신문의 부고란과 사망광고의 차이는 전자는 비용이 들지 않는(단, 게재하느냐 마느냐 매체 측의 판단에 따른다)다는 점에 반해서 후자는 비용이 든다는 점이다.
 그러나 이런 식으로 하지 않으면 많은 사람들에게 알릴 수 없을 때에는 광고를 내는 만큼의 가치는 있을 것이다. 광고 매체는 '누구에게 알리고 싶은가?'라는 점을 기준으로 선택한다. 그 결과 지방신문이 되기도 하고 전국지의 지방란이 되기도 한다.
 문안은 기존의 사망광고(신문에는 대부분 날마다 실린다. 통상은 사회면 아래쪽에 실리는 경우가 많다)를 참조해서 생각해 보자.

제3부
'남은 사람에게 보내는
메시지'를 생각한다

제3부에는 가족과 친한 사람들에게 보내는 이별의 메시지(작별 인사), 나아가 법적으로 유효한 유언 양쪽이 들어 있다. 전자인 '이별 메시지'는 정서적인 내용이어도 상관없지만 유산상속 등과 관련된 법적인 유언은 일정한 형식에 따라 작성해야 한다.

여기에서는 먼저 '이별 메시지'부터 써 보자.

● 일반적인 이별 메시지

상대를 특정하지 않고 '이 세상과 이별한다'고 할 때 남기는 메시지다. 자신이 지금까지 살아온 인생을 뒤돌아보고, 무엇인가 하고 싶은 말을 길지 않은 문장으로 써 보면 좋다.

'상대를 정하지 않으면 못 쓰겠다'고 하는 경우에는 매우 대략적이기는 하지만 '지금까지 자신과 어떤 식으로든 관계를 맺었던 사람 모두에게' 쓴다고 생각하면 어떨까? 내용은 그다지 구체적이 아닐지 몰라도 자신의 인생을 뒤돌아볼 수 있다면 그것으로 충분하다.

예를 하나 들어보자.

예문 Ⓔ 일반적인 이별 메시지
지금까지 나와 어떤 인연을 맺었던 사람들에게

송구스럽게도 제가 먼저 이 세상을 떠나게 되었습니다. 여러분 덕분에 즐겁고 알찬 인생을 보낼 수 있었습니다. 지금까지의 만남에 마음 깊이 감사 드립니다.

저와의 만남이 여러분의 인생에 조금이나마 '좋은 일', '즐거웠던 일'로 기억된다면 저로서는 더 없는 기쁨입니다. 만일 고통스럽고 싫었던 기억으로만 남는다면 용서해 주시기 바랍니다. 이제 와서 변명 같지만 결코 일부러 그랬던 것은 아닙니다.

무사히 저 세상에 도착하면 그곳에서 여러분의 건승과 행복을 기원하겠습니다. 특히 이 세상에서 신세를 졌던 여러분들께는 특별히 행운이 있기를 하늘에서 마음을 다해 기원하겠으니 부디 너그러운 마음으로 보아 주십시오.

그러면 생전의 따뜻한 마음에 다시 한 번 감사하며 안녕히.

● 상대방을 특정한 작별 인사

또 한 가지, 일반적인 편지와는 별도로 '상대를 특정한' 메시지를 써도 좋다. 이때도 너무 길게 쓰기보다는 '누군가 친한 사람에게 카드나 엽서를 보낸다'는 기분으로 써 보면 어렵지 않게 쓸 수 있다.

'도대체 어떤 느낌으로 써야 하느냐?'고 묻는 사람을 위해 아내가 남편에게 보내는 메시지를 예문으로 실어 보겠다.

예문 F 아내가 남편에게 보내는 메시지
사랑하는 ○○

처음 당신을 만난 뒤 벌써 30년이라는 세월이 지났습니다. 생각해 보니 참으로 오랫동안 함께 지냈네요. 남편인 당신에게는 어쩌면 '인내의 30년'이었을지 모르지만 나는 당신과 함께 보낸 시간이 너무나 즐겁고 뜻 깊은 날들이었습니다. 지금까지 함께한 당신께 정말로 고맙다는 말을 하고 싶네요.

오늘은 내가 당신보다 먼저 여행을 떠난다는 것을 전제로, 내가 죽은 뒤에 당신이 힘들어하지 않도록 몇 가지 적어 보려고 해요. 쓸데없는 일일지 모르지만 한번 읽어 주세요.

1. 식사에 대해

내가 죽은 뒤에는 아마 외식을 많이 하게 되겠죠? 하지만 너무 외식만 하면 균형 잡힌 식사를 하기 어려워요. 간단하게라도 꼭 밥을 해 드세요. 야채를 쪄서(만드는 법은 알고 있죠?) 소스와 참깨를 뿌려 먹는 것도 좋아요. 당근, 브로컬리, 컬리플라워로 만들어 보세요.

2, 운동에 대해

당신은 운동을 별로 좋아하지 않지만 나이가 들수록 정기적인 운동이 필요해요. 하루 1시간 정도는 꼭 산책하세요.

3. 새로운 만남에 대해

어쩌면 앞으로 멋진 만남이 있을지 몰라요(라고, 기대합니다). 그때 저에게 미안해할 필요는 없어요. 적극적으로 나가세요. 단 상대방에게도 선택할 권리가 있다는 점을 명심하세요. 차인 뒤에 낙담하지 않도록 처음부터 너무 요란 떨지 말고 어디까지나 신사답게 행동하세요. 재혼은 그때의 상황에 맞게 판단하세요. 만일 아이들이 반대한다면 이 편지를 보여 주고 큰소리로 꾸짖으세요. 저는 결코 저 세상에서 기분 나빠 하지 않아요. 그러니 그 점은 부디 마음놓아요.

간단하지만 지금까지 감사하는 마음과 약간의 쓸데없는 참견을 썼습니다. 당신이 행복한 노후를 보내기를 마음 깊이 바랍니다. 만일 저 세상에서 다시 만날 수 있다면 그때 잘 부탁해요.

　요즘은 장례식 대신 호텔 연회장을 빌려서 '이별 모임'을 여는 예도 많아졌다. 다음에 소개하는 것은 그 자리에서 읽는 것을 전제로 한 메시지다. 모인 사람은 일로 알게 된 친구와 지인이 중심이다.

예문 ⓖ 업무로 알게 된 친구와 지인에게 보내는 메시지
나와 관계를 맺었던 모든 사람들에게

조금 성급할지 모르지만 이런 편지를 씁니다. 어찌 보면 제가 이 세상을 떠난 뒤에 보내는 '인사장' 같은 것이죠.

어쨌든 생전에 많은 신세를 졌습니다. 뒤돌아보니 여러분에게는 많은 폐를 끼친 것 같습니다. 저와 일을 하면서 후회했던 분들이 많으실 겁니다.

일은 늦고, 결함투성이, 게다가 핑계는 남 못지 않게 해댄다.

제 업무 태도를 객관적으로 말하면 이렇게 되겠죠?

'알고 있으면 다음부터 잘하래' 는 이야기를 하시겠지만, 알고만 있을 뿐 나아질 기미가 전혀 안 보였던 저를 부디 용서하십시오.

그러나 저 자신은 여러분과 함께 일할 수 있었던 것에 진심으로 감사하고 있습니다. 저 같은 사람을 참을성 있게 대해 주셔서 정말로 고맙습니다.

제가 이 세상을 떠날 때 여러분에게 감사의 마음을 담은 맛있는 음식을 대접하고 싶었습니다. 바쁜데도 참석해 주셔서 기쁩니다. 모처럼의 기회이므로 즐거운 한때를 보내십시오.

앞으로 이 세상에서는 다시 볼 수 없겠지만 만일 또 어딘가에서 만날 수 있을지도 모릅니다. 그렇다면 '안녕' 이라는 인사는 그다지 적당하지 않을 거란 생각이 드네요. 그 대신 오늘은 '먼저 실례하겠습니다' 라고 말하겠습니다. '빨리 오라' 고는 말할 수 없지만 언젠가 다시 만날 날을 기원하며……

여기에서 소개한 메시지는 법적인 의미의 유언에는 적당하지 않지만 그 사람의 개성이 잘 드러났다고 할 수 있다. 따라서 이것도 넓은 의미에서는 유언장의 하나라고 생각해도 좋다. 이런 메시지를 써서 자신에게 중

요한 사람들을 재확인할 수 있다면 남과 사귀는 방법도 달라지지 않을까?

● 법적인 유언

마지막으로 '법적인 유언'이다. 앞에서 이야기했지만 지금까지 3부 구성의 형태로 유언장을 쓰는 경우, 반드시 법적인 유언을 하지 않아도 되는 사람도 있다. 왜냐하면 법정 상속대로 유산을 상속하거나 자신의 사후 분쟁은 거의 없을 것이라고 장담하는 사람은 구태여 유언으로 지정할 필요가 없기 때문이다. 그때는 전항의 '이별 메시지'까지로 유언장을 완성해도 된다.

그러나 '법률적으로 확실히 해 두고 싶은 일이 있을' 때에는 반드시 유언을 해 두자. 여기에서는 다음의 네 가지 경우에 관한 예문을 소개한다.

1. 법률혼이 아닌 경우
2. 싱글맘인 경우
3. 사업을 하고 있는 경우
4. 재산을 신탁하고 싶은 경우

1. 법률혼이 아닌 경우

먼저 사실혼인 야마자키 아키코 씨의 경우. 아키코 씨는 사실혼 관계인 남편 미조구치 이치로 씨와 둘이서 산다. 아이는 없고 자신이 죽은 뒤에는 남편에게 모든 재산을 남기고 싶어 한다.

예문 ⓗ 사실혼 관계인 남편에게 재산을 물려주고 싶다

유언서

유언자 야마자키 아키코는 미조구치 이치로와 함께 살았지만 개인적인 가치관이 서로 달라 굳이 혼인신고를 하지 않고 사실혼을 선택했다. 사실혼인 배우자는 법정상속인이 되지 않기 때문에 여기에 유언으로 유증하기로 한다.

1. 미조구치 이치로(19○○년 ○월 ○일생)에게는 다음의 재산을 유증한다.
    ① 유언자 명의의 정기예금(××은행 ××지점 보통예금계좌 ××××) 전액.
    ② 구분소유건물과 대지권
        (이하 건물 표시 등 구체적인 내용이 등기부등본상의 표기대로 이어지지만 여기에서는 생략)
    ③ 가재도구와 모든 동산
2. 이 유언의 유언집행자로 다음의 사람을 지정한다.
    주소 : ○○시 ○○구 ○○동 ○○번지 ○○아파트 ○동 ○호
    직업 : 회사원
    이름 : 미조구치 이치로(19○○년 ○월 ○일생)

20○○년 ○월 ○일   유언자 야마자키 아키코 (인)

2. 싱글맘인 경우

츠가와 스미코 씨는 싱글맘이다. 자신의 부모는 이미 돌아가셨고 형제자매도 없다. 그래서 지금 가장 걱정이 되는 것은 세 살 된 아들. 아들이 성인이 될 때까지 자신에게 만일의 일이 생긴다면 믿을 수 있는 사람에게 아이의 후견인이 되어 달라고 부탁할 생각이다. 그래서 오랜 친구인 야마구치 미와코 씨에게 후견인이 되어 달라고 부탁했다.

예문 ① 미성년인 아이의 후견인을 정하고 싶다

유언서

유언자 츠가와 스미코는 다음과 같이 유언한다.

1. 유언자의 장남인 켄이치(20××년 ×월 ×일생)에게 유언자의 전 재산을 법정상속분대로 상속하게 한다.
2. 유언자가 사망할 때 켄이치가 미성년자인 경우 후견인으로서 다음의 사람을 지정한다.
    주소 : ○○도 ○○시 ○○구 ○○동 ○○번지 ○호
    야마구치 미와코 (19○○년 ○월 ○일생)
3. 켄이치의 후견 감독인으로 다음의 사람을 지정한다.
    주소 : ○○도 ○○시 ○○구 ○○동 ○○번지 ○호
    변호사 ○○○

20○○년 ○월 ○일   유언자 츠가와 스미코 (인)

후견인이란 미성년자의 생활 전반을 책임지는 사람이다. 또 후견 감독인이란 후견인을 감독하는 사람으로 후견인이 죽거나 미성년자와 후견인과의 이해가 대립할 때는 미성년을 대신해서 대응할 의무가 있다. 후견인과 후견 감독인은 모두 취임한 날로부터 10일 이내에 구청 호적계에 취임하겠다는 뜻을 신고해야 한다.

3. 사업을 하고 있는 경우

다음은 경영자인 시로시마 교코 씨의 경우다. 교코 씨는 사원 6명의 회사를 경영하고 있다. 회사의 규모는 작지만 실적이 좋아서 교코 씨도 상당한 재산을 모을 수 있다. 그래서 감사하는 마음을 담아서 경영진에게 유산을 남기려고 생각하고 있는데…….

예문 ⓙ 일과 사업을 이을 사람에게 재산을 남기고 싶다

유언서

유언자 시로시마 교코는 다음과 같이 유언한다.

1. 유언자 시로시마 교코는 유언자가 죽은 뒤, 유언자가 경영하는 주식회사 ××기획의 사원인 마츠시마 사치코(1900년 0월 0일생, ○○도 ○○시 ○○구 ○○동 ○○번지)에게 다음의 재산을 유증한다.

   ① 유언자 명의의 정기예금(××은행 ××지점 보통예금 계좌 ××××) 전액
   ② 유언자 명의의 유가증권(○○증권 ○○지점 계좌번호 ○○○○) 전액

긴 세월에 걸쳐 주식회사 ××기획의 발전에 기여해 준 점에 감사하며 더욱더 회사의 발전에 힘써 주기를 바란다.
단, 수유자인 미츠시마 사치코가 유언 발효시에 주식회사 ××기획을 그만두었을 때에는 앞의 유증은 효력을 잃는다.

미츠시마 사치코가 유증을 받을 자격을 상실했을 때는 다음의 순서대로 유증한다. 단, 선순위자가 유언 발효 시에 주식회사 ××기획을 그만둔 경우는 다음 순위자에게 유증하기로 한다.
제1순위 ○○○ (19○○년 ○월 ○일생, ○○도 ○○시 ○○구 ○○동 ○○번지)
제2순위 ○○○ (19○○년 ○월 ○일생, ○○도 ○○시 ○○구 ○○동 ○○번지)
제3순위 ○○○ (19○○년 ○월 ○일생, ○○도 ○○시 ○○구 ○○동 ○○번지)

2. 이 유언의 유언집행인으로 다음의 사람을 지정한다.
　　주소 : ○○도 ○○시 ○○구 ○○동 ○○번지
　　변호사 ○○○

20○○년 ○월 ○일　　　　　　　　　　　　　　　　　유언자　시로시마 교코 (인)

　　수유자(受遺者)란 유증을 받는 사람을 말한다. 이런 위치에 있는 사람에게 조건을 달아 어떤 조건이 갖추어졌을 때 효력을 잃게 유언하는 것을 '해제조건부유언' 이라고 한다. 이 경우에는 수유자로 지정된 마츠시마 사츠코가 회사를 그만둔 경우에는 수유자의 자격을 잃게 된다.

4. 재산을 신탁하고 싶은 경우

노무라 시즈카 씨는 자신이 죽은 뒤에 유산을 공적인 목적으로 쓰고 싶어한다. 그래서 공익신탁을 이용하기로 결정했다. '공익 신탁'이란 자신의 재산을 지정한 신탁은행에 맡겨서 공적인 사업에 쓰는 시스템이다.

예문 Ⓚ 유산을 공적인 목적으로 쓰고 싶다
유언서

유언자 노무라 시즈카는 다음과 같이 유언한다.
1. 유언자는 유언자의 재산을 다음과 같이 신탁한다.
　① 신탁의 목적 : 진학 의지는 있지만 경제적인 이유로 학업을 계속하기 힘든 고등학생에게 대학에 진학하는 데 필요한 장학금을 준다.
　② 수탁자 : ××신탁은행 주식회사(본점 영업부 취급)
　③ 명칭 : 공익신탁 노무라 시즈카 기념육영기금
　④ 신탁 원금 : 유언자 소유의 말미 유산을 시가로 환산 처분한 대금에서 경비와 공조공과금을 뺀 나머지 금액
　⑤ 신탁의 종류 : 단독운용지정 금전 신탁
　⑥ 사업의 내용 : 선발된 고등학생에게 장학금으로 매월 일정액의 돈을 원조한다.
　⑦ 급부 방법 : 신탁원금에서 생기는 수익으로 사업에 충당한다. 단, 금리 하락같이 어쩔 수 없는 사정이 있을 때는 그 시점에서 신탁원금의 20%를 넘지 않는 금액에 한해서 원금을 깰 수 있다.
　⑧ 신탁 기간 : 특별히 정하지 않는다. 단, 원금 손실로 신탁 원금이 소멸했을 때는 끝난다.

⑨ 신탁 보수 : 주무관청과의 협의해서 수탁자 소정의 과율 및 산정방법으로 결정한다.
⑩ 신탁 설정 불능 : 주무관청의 허가가 내려지지 않은 사정에 따라 설정이 불가능한 경우는 신탁 원금을 재단법인 ○○육영회에 기부한다.
⑪ 다음의 사람을 신탁관리인으로 지정한다.
주소 : 서울시 ○○구 ○○동 ○번지 ××빌딩 ○호 ××법률사무소
직업 : 변호사
이름 : ○○○

2. 유언자의 재산
① 토지
(이하, 지번 같은 구체적인 내용이 등기부등본상의 표기대로 이어지지만 여기에서는 생략)
② 건물
(이하, 소재 등 구체적인 내용이 등기부등본상의 표기대로 이어지지만 여기에서는 생략)
③ ○○은행 ○○지점의 유언자 명의의 보통예금, 정기예금 기타 모든 예금(계좌번호)
④ ××증권 주식회사 ××지점에 보호예치중인 유언자 명의의 유가증권 전부(계좌번호)

20○○년 ○월 ○일　　　　　　　　　　　　　　　유언자 노무라 시즈카 (인)

　　공익신탁을 하기 위해서는 주무관청의 허가를 받아야 한다. 따라서 사전에 신탁은행과 상담해서 위탁할 순서를 정해 두어야 한다. 만일 자

금이 많은 경우는 독자적으로 재단을 설립할 수도 있지만 일반적으로는 공익신탁으로 하는 편이 쉬우며, 필요 자금도 적게 든다.

여기에서 소개한 유형에서는 종종 '유언집행자' 나 '신탁관리인' 에 '변호사 ○○○' 라는 말을 볼 수 있다. 본래 '유언 집행자' 는 누구가 되든 상관없지만(예문 ⑪에서는 사실혼 관계에 있는 남편이 유언 집행자), 변호사인 경우가 가장 많은 것은 역시 법률 전문가인 만큼 유언집행 지식이 많기 때문이다. 어떤 변호사에게 의뢰하면 좋은지는 다음과 같다.

1. 친구나 지인에게 소개받는다.
2. 각 지역의 법률상담 센터를 통해서 자신이 사는 곳과 가까운 사무소의 변호사를 소개받는다.
3. 무료 법률상담(각 자치단체나 여성 센터, 우체국 등에서 열리는 것)에 나가서 자신과 잘 맞는 변호사를 찾는다.

5장 정리

1. 워크시트에서 '자신에 관한 정보'를 모아 보면 그것이 그대로 유언장의 '부분'이 된다.
2. 이 '부분'을 사용해서 먼저 제1부 '자신이 살아 있는 동안에 쓸 정보'와 제2부 '자신이 죽은 뒤에 실무상 필요한 정보'를 정리한다.
3. 마지막으로 제3부 '남은 사람을 위한 메시지'를 생각한다. 이 메시지는 '이별 메시지'와 '법적으로 유효한 유언' 두 가지인데, 유산을 법정상속으로 하지 않아도 되는 경우는 전자만으로 충분하다.

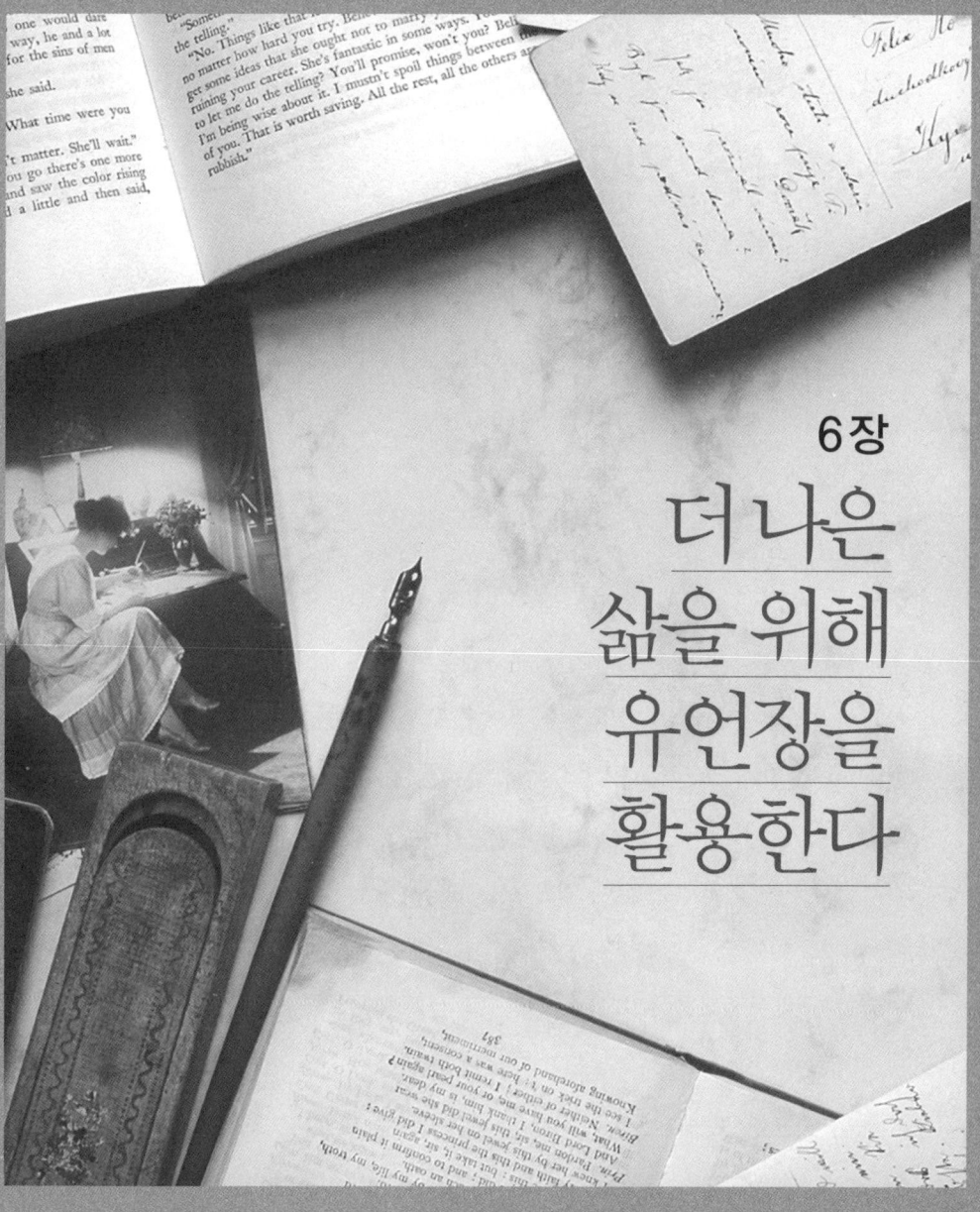

6장
더 나은 삶을 위해 유언장을 활용한다

활용하지 않는
유언장은 의미가
없다

지금까지 유언장은 '인생의 마지막을 앞두고 굳게 결심해서 쓴 것이며 한 번 쓰면 원칙적으로 고치지 않는다'는 이미지가 강했다. 다시 말해 그 정도로 '엄숙하고 무게 있는 것'으로 받아들였다.

그러나 앞서 이야기했듯이 유언장은 좀더 즐겁게, 그리고 일상적인 감각으로 써야 한다. 쓴 뒤에 엄봉(嚴封)해서 두 번 다시 손대지 않는 것이 아니라 이따금 손질하면 유언장을 더욱 잘 활용할 수 있다. 법적인 유언이라도 자필증서유언이라면 어디에나 보관할 수 있으므로 고치는 것도 자유롭다.

좀더 중요한 것은 제5장(102쪽)에서 다루었던 세 가지 요소, 즉 '자신이 살아 있는 동안에 쓸 정보', '자신이 죽은 뒤에 실무상 필요한 정보', '남은 사람에게 보내는 메시지'를 정기적으로 들춰보는 것이다. 그 중에서도 특히 제1부인 '자신이 살아 있는 동안에 쓸 정보'는 내용에 변동이 생길 수 있으므로 세세하게 고쳐야 한다.

● **자신에게 중요한 사람 목록**

인사이동이나 전직, 퇴직 등 자신이 놓인 환경에 따라 주위 인맥도 달라진다. 가능하면 1년에 두 번, 여름 휴가와 새해, 아무리 바빠도 1년에 한 번은 다시 정리하자. 워크시트 Ⓕ '인맥 그림표'를 정리할 시간까지 있다면 이상적이다. 그때 이전의 인맥 그림표는 버리지 말 것. 이것은 과거의 인맥을 찾을 때 귀중한 자료가 된다. 따라서 인맥 그림표에는 반드시 '기입연월일'을 써 두도록 한다.

● **재산 목록**

재산 목록은 필요에 따라 고친다. 부동산이나 주식 매매, 생각지 않았던 수입과 지출 등으로 자산 현황이 달라졌을 때는 그때마다 재산 목록을 다시 쓴다. 특히 변동이 없을 때는 새해 첫날이나 연말 등, 정기적으로 들춰보는 시기를 정해 두면 좋다. 여기에도 기입한 연월일을 써넣고, 이전 자료도 보존하면 자산상황 변화를 알 수 있어 편리하다.

● **인생의 중·장기 계획**

계획은 1년에 적어도 한 번씩 정기적으로 다시 보는 것이 좋다. 달성하고 싶은 목표, 도전하고 싶은 자격증, 여행 계획 등 준비에 시간이나 비용이 드는 것은 미리 마음속으로 준비한다. 계획을 짜면 시간의 흐름을 한눈에 볼 수 있어 '시간의 물리적인 양'을 확인할 수 있다는 이점도 있다.

이런저런 목표나 계획을 세워도 도중에 변경할 일이 생긴다. 계획은 당초의 내용을 그대로 실행하는 데 가치가 있는 것이 아니며 상황에 맞추어서 그때그때 대응해 가는 기준이 되는 정도라고 생각해야 한다.

● 목표와 좌우명

특별히 기한이 정해져 있지 않은 만큼 '언젠가 이렇게 되면 좋겠다'는 목표나 꿈을 소중히 여기면 된다. 또 자신의 생활 습관 바꾸기나 좌우명도 자세하게 다시 보는 자세가 필요하다. 어렸을 때 교실 칠판 위에 '어떤 일이든 적극적으로 하는 씩씩한 어린이'라는 '학급 목표'가 걸려 있었을 것이다.

그 '목표'도 쉽게 눈에 띄는 곳에 붙어 있기 때문에 의미가 있다. 자신의 목표나 좌우명도 마찬가지다. 방에 붙여 놓는 것이 부끄럽다면 유언장에 써 놓고 여러 번 다시 보자. 똑같은 효과를 기대할 수 있을 것이다.

● 건강 기록

젊었을 때 몸에 나타나는 변화에는 그다지 민감하지 않아도 된다. 그러나 중년 이후에는 다르다. 건강검진 항목에 없는 '자신만이 느낄 수 있는 무엇'이라는 항목(기력이 떨어졌다, 흰머리가 늘었다 등)을 만들어 두면 개인적인 건강 기록이 되어 자신의 몸 상태를 파악할 수 있다. 이 기록은 10년 치를 일람할 수 있는 형태로 하자. 상당히 오랜 기간에 나타난 변화를 일목요연하게 알 수 있으므로 건강 관리에 틀림없이 도움이 된다.

● **자신만의 전화번호부**

자신만의 전화번호부는 자신의 라이프 스타일을 반영한다. 필요한 연락처가 늘어나면 그때그때 다시 쓰도록 한다. 맛있는 음식을 파는 곳이라든지 세련된 집안을 만들어 주는 꽃가게……. 이런 것들도 중요한 자료지만 그 안에 '사체 기증 연락처'나 '유언 보관처' 등을 써넣어도 좋다.

정기적으로 내용을 확인함으로써
얻을 수 있는 것

'인간이란 망각의 동물'이라는 말을 하는데 스스로를 뒤돌아보면 정말이지 실감할 수 있는 말이다. 아무리 감동적인 체험을 해도 시간이 지나면 그 기억도 희미해지고, 자신이 세웠던 목표나 좌우명도 떠올랐을 때는 의욕이 넘치지만 눈 깜짝할 사이에 날아가 버리는 허무한 존재가 되어 버린다.

그런 경험을 수없이 되풀이하다 깨달은 것은 어떤 일이든 '반복해야 정착된다'는 매우 단순한 진리였다. 하지만 생각해 보면 이것은 아주 옛날, 수험공부를 하던 무렵에 선생님이 여러 번 말씀하시던 내용이다. 그러므로 정기적으로 자신을 '다시 추스를' 기회를 갖는 것이 중요하다.

나는 과거 10년 넘게 갓 졸업한 대학생, 전문대생과 일단 일을 그만두었다가 다시 취직을 꿈꾸는 사람들을 지원했다. 지원 내용은 그들이 목표를 세우는 것을 돕거나 이력서, 응모서류 쓰는 법을 가르치는 일이었다. 이런 일을 통해서 설령 우여곡절은 있어도 최종적으로 마음에 드는 일을 하게 된 사람들에게는 몇 가지 공통점이 있다는 사실을 깨달았다. 그것은 다음과 같다.

● **자신이 무엇을 원하는지 분명히 알고 있다**

'자신의 전공을 살리고 싶다', '통근시간이 짧았으면 좋겠다' '잔업이 없으면 좋겠다' 등 조건에 상관없이 일을 찾는 기준이 명확하다는 점이었다. 이것은 매우 중요하다. '보람 있는 일을 하고 싶지만 잔업이 있는 것이 마음에 걸리고, 중압감이 큰 것도 싫다'는 모순된 희망을 품은 사람은 언제까지나 일을 구할 수 없다.

● **자신의 강점과 약점을 알고 있다**

인간이라면 누구나 장점도 있고 단점도 있다. '나에게는 어떤 장점도 없다'는 부정적인 태도를 버리고, 또 '나는 이 정도로 유능하다'고 우쭐대지 말고 객관적으로 자신의 상황을 받아들일 수 있는 사람은 취직에서도 성공한다.

● **약점을 보강할 방법을 생각한다**

단점을 정확히 인식한 뒤에 '그러면 어떻게 해야 될지' 적극적으로 생각하는 사람은 설령 상당히 어려운 조건이라도 그것을 극복한다.

그런데 놀랍게도 이런 점들은 모두 '유언장을 쓰는 과정'에도 해당된다. 아마 직업을 구하는 사람들은 이런 점을 조금도 의식하지 않을 것이다. 그러나 이들은 자신에게 소중한 것을 알고 자신의 상황을 객관적으로 바라보고 앞으로의 방침을 생각한다는 것을 당연하게 여긴다. 다시 말해 지금까지 자신이 살아왔던 인생을 이해하고 거기에서 얻었던 것을 늘 확인하는 사람은 인생을 살면서 언제 어디서나 적절한 판단과 행동을 취할 수 있다는 말이다.

인생을 살면서 구직 활동을 경험하는 일은 그다지 없을지도 모른다. 그러나 인간의 생활은 늘 작은 선택과 결단의 연속이다. 그 근거와 가치 기준이 되는 '자신의 기준'이 분명하지 않으면 '어떤 결정을 내리는 일'은 불가능하다. 유언장을 쓰는 것, 그리고 그 내용을 정기적으로 다시 확인함으로써 얻을 수 있는 것은 자신의 가치관을 확인하고 결과적으로 만족스러운 선택과 결단을 내릴 수 있다는 점이다.

'유언장을 쓰는 것' 은
작은 새출발이다

인간이라면 누구나 한번쯤 '인생을 다시 시작하고 싶다!' 고 생각할 때가 있다. 나는 유언장을 쓰면서 '이것도 어떤 의미에서는 새출발이 아닐까?' 하고 생각하게 되었다. 다시 말해 '인생의 폐업'을 리허설함으로써 현실로 돌아왔을 때 '사실 아직 나에게는 〈남은 시간〉이 많다' 는 사실을 깨닫고, 갑자기 고맙다는 생각이 들었다.

미국에서는 'Tomorrow is the first day of the rest of your life.' (내일은 당신에게 남은 인생의 첫날)이라는 말이 새겨진 스티커를 흔히 볼 수 있다. 내가 유언장을 쓴 다음에 떠오른 말이 바로 이것이었다.

다시 말해 유언장을 쓰는 것은 '작은 새출발'이다. 물론 정말로 인생을 맨 처음부터 다시 바꿀 수는 없다. 그러나 과거를 바탕으로 아직 손대지 않은 시간을 다시 살 수 있다면 남은 시간은 더욱 즐겁고 충실해지지 않을까?

  1년, 1달, 하루 24시간처럼 시간에 '눈금'이 새겨져 있듯이 인생에도 '마디'나 '눈금'이 있다면 좋겠다. '유언장'이란 그 '눈금'이며 나아가 자기 가치관의 '기준'이 된다. 그리고 남은 시간을 소중하게 보내겠다고 마음먹게 하는 '각성제'와 같은 효용도 있다.

6장 정리

1. 유언장은 정기적으로 들춰보고 내용을 갱신해야 의미가 있다.
2. 써 놓은 내용을 들춰봐야 자신의 가치관을 확인할 수 있고, 인생을 살면서 언제 어디서나 적절한 판단과 행동을 취할 수 있다.
3. 유언장을 쓰는 일은 남은 인생을 다시 사는 일이다. 이것은 말하자면 '작은 새출발'이다.

| 마치며 |

앞으로는 '나의 역사' 보다 '유언장'의 시대

지금으로부터 20년쯤 전, 중·노년층을 중심으로 '자기 역사 쓰기'가 유행했다. 확실히 '평범한 사람'의 역사는 스스로 기록해 두지 않으면 아무도 대신 써주지 않는다. 그래서 쓰고 싶어 하는 사람이 많았는지, 문화센터의 '자기 역사 강좌'는 대부분 조기 마감된다는 이야기도 들렸다. 자기 역사를 쓰면 지금까지의 인생을 뒤돌아보게 되고, 제3자에게 자신의 인생을 알릴 수도 있다……. 이 자체는 의미 있는 일이고, 쓰는 과정에서도 충실감을 맛볼 수 있다.

단, 나는 '이런 자기 역사를 과연 누가 읽어 줄 것인가?' 하는 생각이 들었다.

'자기가 쓰고 자기가 읽는다.' 이것도 충분히 가치 있는 일일지 모른다. 하지만 모처럼 시간과 정성을 쏟아서 만든 지적 생산물을 자기 안에서 가두어 버린다면 아무런 의미도 없다. 그렇다고 다른 사람에게 억지로 읽게 하는 것도 읽는 쪽에서는 참을 수 없는 고통이다. 아무리 나와 친한 사람이 쓴 글이라도 온통 자기 자랑만 늘어놓았다면 솔직히 질려 버릴 것이다.

하지만 '읽는 이에게 보내는 메시지'라면 어떨까? 이야기는 완전히 달라진다. 내용에 상관 없이 메시지가 되면 '제3자가 읽을 것을 의식한 문장'이기 때문에 매우 읽기 쉬운 스타일로 쓰게 되고, 읽는 사람도 끝까지 흥미를 가지고 읽을 수 있다.

그러므로 나는 이왕 정열을 쏟아서 쓴다면 유언장을 쓰는 것이 좋고, 앞으로는 자기 역사보다 유언장을 쓰는 시대가 될 것이라고 생각한다.

무엇보다 이 책에서 이야기했던 '유언장'이란 '자신을 위한 각서'라는 성격도 있기 때문에 자기가 쓰고 자기가 읽는다는 측면도 분명히 있다. 그래도 최종적으로는 '누군가에게 메시지를 전한다'는 것이 된다. 그 '누군가'란 가족이 될 수도 있고 뜻이 잘 통하는 사람일 수도 있고 친한 친구일 수도 있는데, 어쨌든 '누구에게 어떤 메시지를 보낼까'를 생각할 때 유언장을 쓰는 사람의 마음속에는 틀림없이 자신이 지금 여기에 있는 것을 감사하는 마음이 샘솟을 것이다.

'중년에 유언장을 쓴다'는 것은 자기 자신의 인생을 뒤돌아봄과 동시에 지금까지 자신을 지지해 주었던 사람들과 환경의 존재를 다시금 깨닫는 일이다.

눈앞의 일에 쫓겨 사느라 자신에게 소중한 것을 잊어버렸다면 10분이라도 좋으니 자신의 유언장을 꺼내서 읽어 보자. 그런 습관을 들이는 것은 마치 '인생의 정기 보수 공사'를 하는 것과 같다.

자신에 관한 정보를 세세하게 정리하거나 자신의 기분을 돌보는 것은 일상생활을 신중하게 사는 길이다. 일상생활을 알차게 보낼 줄 아는 사람은 틀림없이 앞으로도 '좋은 만남'과 '행운'을 얻을 것이다.

현재 유언장에 관해 발간된 책 대부분은 '자신의 사후 일'을 중심으로 쓰여 있다(법적인 유언은 확실히 그 점에 대해서 이야기해야 하므로 그것은 당연하다면 당연하지만). 그러나 나는 '유언장은〈좀더 나은 삶을 살기 위해 쓰는 것〉'이라는, 어떻게 보면 조금 다른 시점에서 이 책을 쓰고 싶었다.

그런 무모(?)한 시도를 전문가의 자리에서 도와준 변호사 오오사코 미에코 선생, 그리고 출판에 즈음해서는 많은 도움을 주었던 여러 분들에게 정말로 고맙다는 말을 하고 싶다. 그들이 없었다면 이 책은 태어날 수 없었을 것이다. 이 자리를 빌어서 인사를 드리고, 이 책이 많은 분들에게 '좀더 알찬 삶'을 사는 데 도움이 되기를 기원한다.

카주미 야마구치

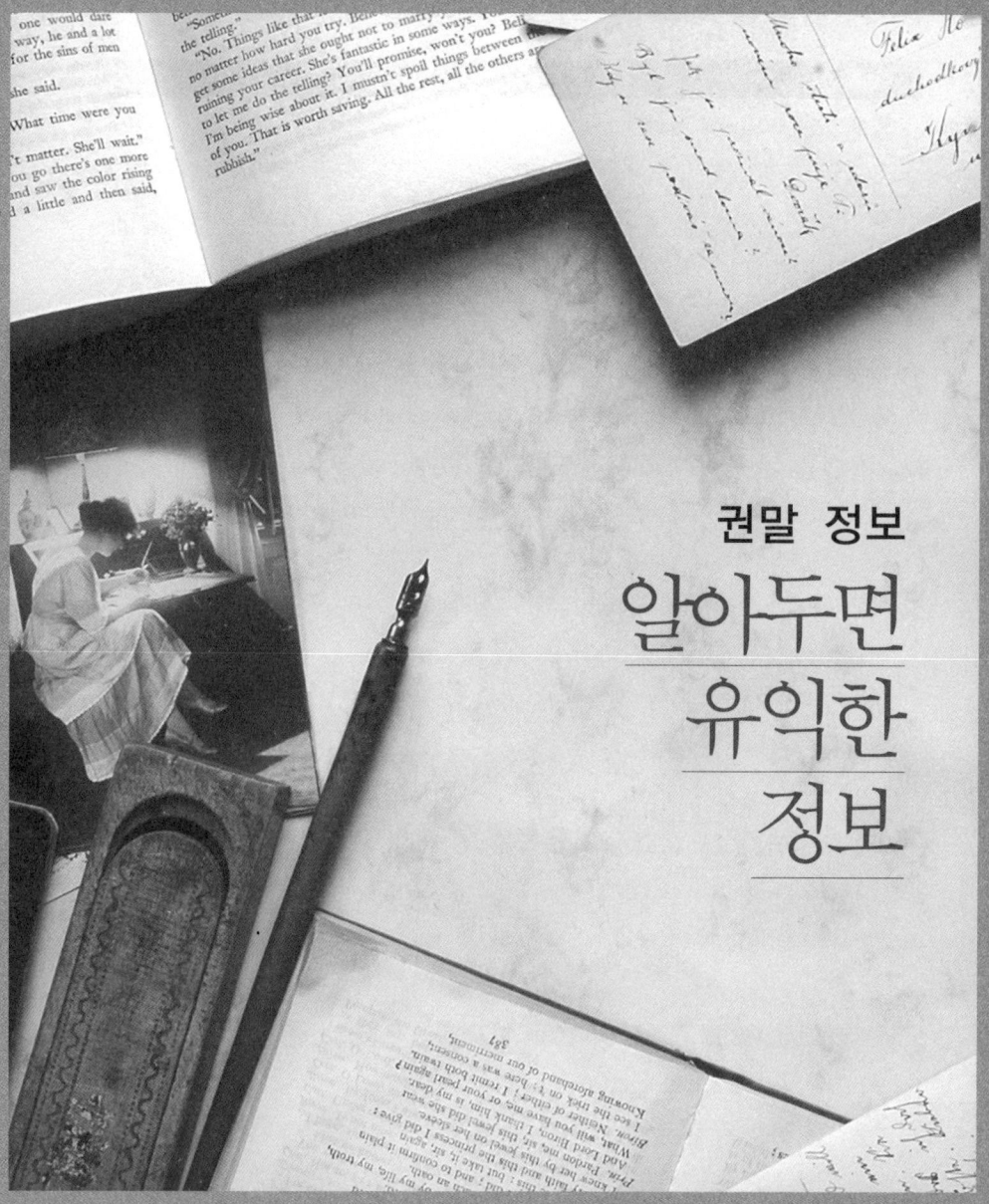

권말 정보

알아두면 유익한 정보

목록 Ⓐ
유언장에 관한 문의처

유언장 관계 정보를 자세하게 알아보고 싶을 때 도움이 되는 문의처를 몇 군데 싣는다.

공정증서 유언에 대해서 알고 싶다, 변호사를 찾고 싶다

대한변호사협회 : 전화 02-3476-4000 www.koreanbar.or.kr

공증 사무소 소재지를 확인하고 싶을 때에도 이용하면 좋다.

변호사를 찾으려면 각 지역에 있는 '법률상담센터'에 문의하면 좋다.

유언 작성과 보관 등에 관해 상담하고 싶다

신한은행 : 전화 1577-8000, 1544-8500 www.shinhan.com

하나은행 : 전화 1599-1111 www.hanabank.com

국민은행 : 전화 1588-9999 www.kbstar.com

시신 기증에 대해서 알고 싶다

(사) 생명나눔실천본부 : 전화 02-734-8050 www.lisa.or.kr

각 대학 의과대학 해부학실

인터넷에서 유언에 관계된 사이트를 알고 싶다

효원힐링센터 www.hwhealing.com

영정사진 촬영, 유언장 작성/낭독, 수의 착용/입관 준비, 입관(명상 시간)의 프로그램으로 진행되는 임종 체험이 가능하다. 인생을 되돌아보고 마음을 충전하여 행복을 증진하는 것을 모토로 한다.

지구별 여행자 아름다운 삶 www.happydying.com
임종체험 수련은 체험을 통해 과거와 현재의 자신을 돌아보고 미래의 나를 설계하여 새로운 존재로 거듭나고자 하는 프로그램이다.

워크시트 Ⓐ 인생에서 앞으로 남은 시간이 (　)뿐이라면 무엇을 할까?

* (기입 예는 47쪽)

순위	하고 싶은 일

1　(　) …

2　(　) …

3　(　) …

4　(　) …

5　(　) …

6　(　) …

7　(　) …

8　(　) …

9　(　) …

10　(　) …

---

* '남은 시간이 앞으로 (　)뿐이라면' 의 (　) 안에는 1일, 1주일, 1달, 1년의 기간을 써넣는다.
* 먼저 하고 싶은 일을 무작위로 10가지 고른 다음 우선 순위를 매겨 본다.
* 우선 순위는 ◎ 꼭 하고 싶다, ○ 가능한 하고 싶다, △ 여유가 있으면 하고 싶다로 나눈다.

워크시트 ⑧ 자신의 장례식은 어떻게 할 것인가?

*(기입 예는 49쪽에)

1. 장례식을   ☐ 하고 싶다   ☐ 하고 싶지 않다

2. 자신의 장례 스타일은
   · 어디에서?
   · 어떤 형태로?
   · 특별히 신경 쓰는 부분이 있다면 (꽃이나 음악 따위)

3. 만일 장례식을 하고 싶지 않다면?

4. 이것만큼은 피하고 싶은 것이 있다면?

5. 묘는 어떻게 할까?

* 위의 다섯 가지 설문 중 쓸 곳만 기입한다. 인생 중반에서 장례식은 아직 먼 이야기. 무리해서 전부 기입할 필요는 없다.

워크시트 ⓒ 나의 역사 연표

*(기입 예는 51쪽)

나이	주요 일들
( )	…
( )	…
( )	…
( )	…
( )	…
( )	…
( )	…
( )	…
( )	…
( )	…
( )	…
( )	…
( )	…
( )	…
( )	…
( )	…

* 시작은 사회인이 된 나이부터. 20~30대 초반인 사람은 의무교육이 끝난 나이부터 써도 좋다.
* '주요 일들' 에는 객관적인 사실을 써넣는다. 가능한 빈칸이 없도록 기입하자.(아무 일도 일어나지 않은 해는 없다)
* 빈칸에 그 무렵 생각했던 일을 써넣어도 좋을 것이다.

워크시트 ⓓ 나의 미래 연표

*(기입 예는 54쪽에)

나이	하고 싶은 일
( )	…
( )	…
( )	…
( )	…
( )	…
( )	…
( )	…
( )	…
( )	…
( )	…
( )	…
( )	…
( )	…
( )	…
( )	…
( )	…

* 미래 연표에는 빈칸이 있어도 상관없지만 현시점에서 결정한 계획 외에 가능하면 해 보고 싶은 일 등, 막연한 희망도 망설이지 말고 써넣는다.

워크시트 Ⓔ 1. 인생의 장기 계획

*(기입 예는 56쪽에)

기간	•( )	•( )
앞으로 2~3년 ⇒ (~ 세)	• • • •	• • • •
3~5년 뒤 ⇒ (~ 세)	• • • •	• • • •
6~10년 뒤 ⇒ (~ 세)	• • • •	• • • •
10년 이후부터 ⇒ (세~)	• • • •	• • • •

* '미래 연표'에서는 희망이었던 내용들을 '인생의 장기 계획'이나 오른쪽의 '인생의 중기 계획'에서는 한 걸음 더 나아가 구체적으로 생각한다.
* 이쪽은 몇 가지 항목으로 나누어서 생각하는 편이 더 쉽다. ( ) 안에 항목을 써넣는다. 예를 들면 일을 하는 사람이라면 일과 사생활, 또 가족, 취미, 봉사활동, 공부 같은 항목도 생각할 수 있다.

워크시트 Ⓔ 2. 인생의 중기 계획

*(기입 예는 57쪽에)

기간	•( )	•( )
1년째	• • • •	• • • •
2년째	• • • •	• • • •
3년째	• • • •	• • • •
4년째	• • • •	• • • •
5년째	• • • •	• • • •

워크시트 Ⓕ 인맥 그림표

*(기입 예는 61쪽에)

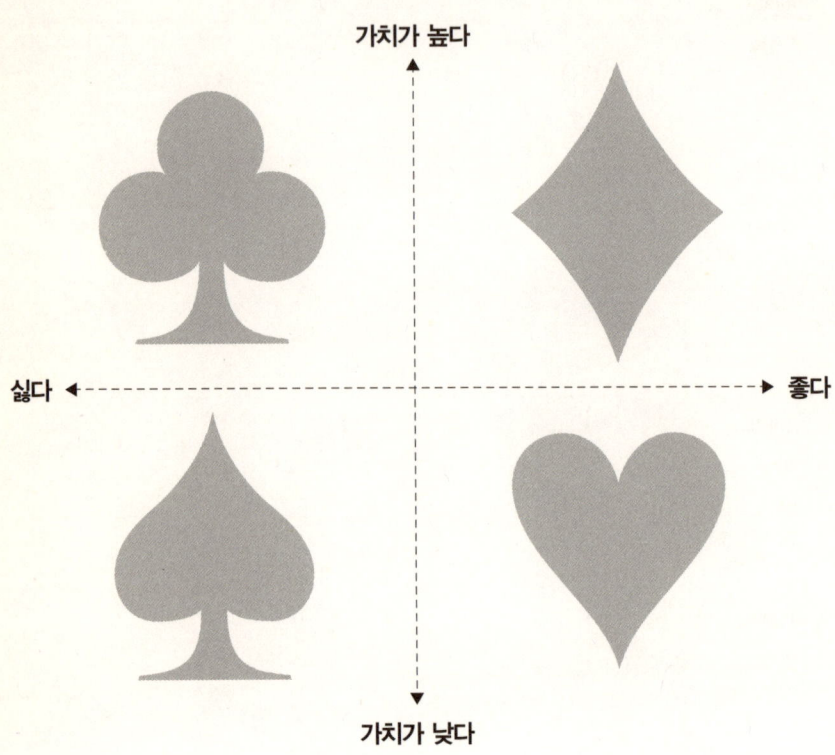

* 가로축은 싫고 좋음, 세로축은 자신에게 얼마나 가치가 있는가, 다시 말해 오른쪽 위인 '다이아몬드' 그룹은 내가 좋아하는 데다가 가치가 있는 그룹이다. 그 아래 '하트' 그룹은 내가 좋아하지만 가치는 낮은 그룹. 또 왼쪽 위 '클로버' 그룹은 싫어하지만 가치가 높고, 왼쪽 아래 '스페이드' 그룹은 싫은 데다가 가치도 낮은 그룹이 된다.
* '가치'는 인간적 가치가 아니다. 어떤 일을 할 때(예를 들면 회사에서 독립할 때나 어떤 프로젝트를 할 때) 힘이 되어 줄 수 있는가의 기준이다.

워크시트 ⓖ 신세를 진 사람 목록

*(기입 예는 65쪽에)

1. • 누가 …
   • 언제 …
   • 어떻게? …
   • 이쪽에서는? …

2. • 누가 …
   • 언제 …
   • 어떻게? …
   • 이쪽에서는? …

3. • 누가 …
   • 언제 …
   • 어떻게? …
   • 이쪽에서는? …

4. • 누가 …
   • 언제 …
   • 어떻게? …
   • 이쪽에서는? …

5. • 누가 …
   • 언제 …
   • 어떻게? …
   • 이쪽에서는? …

*빈 곳에 신세를 진 사람의 가족 관계나 취미 따위를 기록해 두면 신세를 갚을 때 참고가 된다.

워크시트 Ⓗ 1. 재산 목록

*(기입 예는 67쪽에)

● 작성일   년   월   일

● 자산   ● 부채

예금액 :   주택대출 잔액 :

유가증권: (대출 받은 곳 :   )

기타: (금리 :   %)

                    기타 차입 잔액 :

소유하고 있는 부동산

---

* 자산 칸의 '유가증권' 금액은 기본적으로는 취득 가격이지만 가격 변동이 크면 빈곳에 현재액을 써 두어도 좋다.
* 자산 칸의 '기타'에는 리조트 회원권 등이 있으면 써넣는다.

워크시트 ⒣ 2. 계좌 목록

*(기입 예는 68쪽에)

금융기관, 지점	계좌번호	현재 잔액(날짜)	비고
1. •	•	•	•
2. •	•	•	•
3. •	•	•	•

* 비고 칸에는 저축목적, 금융기관의 연락처 등을 기입해 두면 편리하다.

워크시트 ① 내가 죽은 뒤에 남길 것은 무엇인가?

*(기입 예는 70쪽에)

---

1. • 남길 수 있는 것 …
   • 어떻게 처리할까? …
   • 그러기 위해서는 어떻게 해야 하나? …

---

2. • 남길 수 있는 것 …
   • 어떻게 처리할까? …
   • 그러기 위해서는 어떻게 해야 하나? …

---

3. • 남길 수 있는 것 …
   • 어떻게 처리할까? …
   • 그러기 위해서는 어떻게 해야 하나? …

---

4. • 남길 수 있는 것 …
   • 어떻게 처리할까? …
   • 그러기 위해서는 어떻게 해야 하나? …

---

5. • 남길 수 있는 것 …
   • 어떻게 처리할까? …
   • 그러기 위해서는 어떻게 해야 하나? …

---

* 예금액이나 부동산 등, 이른바 금전적 가치가 있는 재산보다는 그 밖의 것(예를 들면 연구성과 등)을 살리는 방법을 중심으로 생각하면 좋다.

워크시트 ⑨ 내가 중요하게 여기는 일

*(기입 예는 73쪽에)

1.

2.

3.

4.

5.

* 3~5 항목 정도는 목록으로 정리한다.

워크시트 Ⓚ 지금의 내 모습과 정말로 원하는 내 모습

＊(기입 예는 73쪽에)

---

1. • 본래, 이렇게 살고 싶다 …

   • 지금의 나 …

   • 벌어진 틈을 메우려면? …

---

2. • 본래, 이렇게 살고 싶다 …

   • 지금의 나 …

   • 벌어진 틈을 메우려면? …

---

3. • 본래, 이렇게 살고 싶다 …

   • 지금의 나 …

   • 벌어진 틈을 메우려면? …

---

4. • 본래, 이렇게 살고 싶다 …

   • 지금의 나 …

   • 벌어진 틈을 메우려면? …

워크시트 ⓒ 건강관리 노트

* (기입 예는 76쪽에)

나이	연월	깨달은 점, 걸린 병 등
( )		
( )		
( )		
( )		
( )		
( )		
( )		
( )		
( )		
( )		
( )		
( )		
( )		
( )		
( )		
( )		
( )		
( )		
( )		
( )		

* 일반적인 건강진단 항목에 구애받지 말고 알게 된 사실을 아무거나 기입해 둔다.

워크시트 ⓜ 자신을 건강하게 만들어 주는 것

*(기입 예는 78쪽에)

● **손쉬운 방법**

1.
2.
3.
4.
5.
6.

● **자신에게 작은 상을 주는 방법**

1.
2.
3.
4.
5.
6.

*자신을 건강하게 해주는 일을 골라 그것에 드는 시간과 비용도 적어 둔다.
*위의 표는 '손쉬운 방법'과 '자신에게 작은 상을 주는 방법'으로 나누었지만 특별히 나누지 않아도 상관없다.

목록 ⓒ '3부로 구성된 유언장' 항목 목록

이 책에서 소개한 '3부 구성 유언장'의 구체적인 항목을 다음과 같이 정리해 보았다. 실제로 유언장을 검토할 때 점검 목록으로 활용하기 바란다.

제1부 자신이 살아 있는 동안에 쓸 정보

☐ 자신에게 소중한 사람 목록

　워크시트 Ⓕ '인맥 그림표', Ⓖ '신세를 진 사람 목록'을 바탕으로 만들어 둔다.

☐ 재산 목록

　워크시트 Ⓗ 1 '재산 목록'과 2 '계좌 목록'을 그대로 사용한다.

☐ 인생의 중장기 계획

　워크시트 Ⓔ '인생의 장기 계획' '인생의 중기 계획'을 그대로 사용한다. 워크시트 Ⓒ '나의 역사 연표', Ⓓ '나의 미래 연표'도 함께 적어 둔다.

☐ 목표와 좌우명

　워크시트 Ⓙ '자신이 중요하게 여기는 일' Ⓚ '지금의 내 모습과 정말로 원하는 내 모습'을 참고로 2~3항목 생각해 본다.

□ 건강 기록

워크시트 ⓒ '건강관리 노트'를 그대로 사용한다. 있으면 건강진단 결과도 함께 적어 둔다.

□ 자신만의 전화번호부

자주 다니는 병원이나 통신판매 배송 회사 연락처를 비롯해 요령껏 필요한 정보를 일람표로 정리한다.

제2부 자신이 죽은 뒤에 실무상 필요한 정보

□ 법적인 유언이 있다면 그 보관처

보관장소를 검토하고, 그 연락처를 기재해 둔다.

□ 죽음을 알리고 싶은 사람과 기관 연락처

알리고 싶지 않은 사람 목록

알리고 싶은 사람은 관계별(친구 사이, 업무 관계 등)로 정리해 두면 편리하다.

알리고 싶지 않은 사람은 이유도 함께 적어 둔다.

□ 사무 절차가 필요한 일 목록

사회보험, 생명보험, 신용카드, 금융기관 등의 연락처 목록을 만들어 둔다.

□ 시신이나 장기 장기를 기증할 때에 필요한 연락처
   연락처와 절차를 적어 둔다. 동의 카드 등이 있는 곳도.

□ 장례를 치를 것인지 의사표시와 장례를 치를 경우의 스타일
   워크시트 ⑧ '자신의 장례는 어떻게 할 것인가?'를 그대로 사용한다.

□ 사망 광고를 낼 경우, 그 매체와 문장
   매체를 결정하고 신문의 사망광고를 참고해서 문안을 생각해 둔다.

제3부 남은 사람을 위한 메시지

□ 일반적인 이별 메시지

□ 상대를 특정한 이별 메시지
   • (   )에게
   • (   )에게
   • (   )에게

□ (만일 있다면) 법적인 유언

후회 없는 인생을 위한 권유
중년, 꼭 한 번은 유언장을 써라

1판 1쇄 발행 2013년 11월 25일
지은이 카주미 야마구치 **옮긴이** 하지연
기획편집 조윤지 **디자인** 최영진

펴낸곳 책비 **펴낸이** 조윤지 **등록번호** 215-92-69299
주 소 경기도 성남시 분당구 야탑동 시그마3 918호
전 화 031-707-3536 **팩 스** 031-708-3577
블로그 blog.naver.com/readerb

'책비' 페이스북
www.facebook.com/TheReaderPress

Copyright ⓒ 2013 카주미 야마구치
ISBN 978-89-97263-66-0

책값은 뒤표지에 있습니다. 잘못된 책은 구입처에서 교환해 드립니다.

> 책비(TheReaderPress)는 여러분의 기발한 아이디어와 양질의 원고를 설레는 마음으로 기다립니다. 출간을 원하는 원고의 구체적인 기획안과 연락처를 기재해 투고해 주세요. 다양한 아이디어와 실력을 갖춘 필자와 기획자 여러분에게 책비의 문은 언제나 열려 있습니다.
> **이메일** readerb@naver.com